당신은 누군가의
간곡한 사람...

김 창 옥

상처받은 사람만이 세상을 치유할 수 있습니다.
주저앉은 사람만이 다시 일어설 수 있습니다.
당신의 변화를 응원합니다.

_____ 님께

_____ 드림

당신은 아무 일 없던 사람보다 강합니다

당신은 아무 일 없던 사람보다 강합니다

1판 1쇄 발행 2016년 10월 8일
1판 62쇄 발행 2024년 9월 21일

지은이	김창옥
발행처	(주)수오서재
발행인	황은희, 장건태
책임편집	최민화
편집	마선영, 박세연
마케팅	황혜란, 안혜인
제작	제이오
주소	경기도 파주시 돌곶이길 170-2 (10883)
등록	2018년 10월 4일(제406-2018-000114호)
전화	031)955-9790
팩스	031)946-9796
전자우편	info@suobooks.com
홈페이지	www.suobooks.com
ISBN	979-11-87498-05-6 (03320) 책값은 뒤표지에 있습니다.

이 도서의 국립중앙도서관 출판시도서목록(CIP)은 서지정보유통지원시스템
홈페이지(http://seoji.nl.go.kr)와 국가자료공동목록시스템(http://www.nl.go.kr/kolisnet)에서
이용하실 수 있습니다.(CIP제어번호:CIP2016023472)

도서출판 수오서재守吾書齋는 내 마음의 중심을 지키는 책을 펴냅니다.

당신은
아무 일 없던
사람보다
강합니다

김창옥

수오서재

차 례

삶의 변명으로부터 자유로워지세요

내가 행복한 방향으로 매일 1도씩 움직이세요

여기까지 참 잘 오셨습니다

이렇게 살아도 되는 걸까?

"이렇게 살아도 되는 걸까?" 질문이 찾아올 때가 있습니다. 무릎에 힘이 풀리듯 삶이 꺾일 때, 뭘 해도 행복하지 않을 때, 이제 그만 놓고 싶을 때, 그리고 일이 잘 풀리고 삶이 잘 나갈 때 역시 이 질문은 여지없이 찾아옵니다. 제 강의를 찾으시는 분들은 아마 이 질문을 맞이하신 분들일 거라 생각합니다. 그분들께 제가 대단한 이야기를 해드리지는 못합니다. 유명한 사람 어록 하나 인용하지 않은 이 책이 어떤 분들에겐 시시해 보일 수도 있습니다. 저는 경험을 나누고 싶습니다.

몇 년째 허리 디스크로 고생 중입니다. 퍼스널트레이너에게 재활운동 겸 치료를 받고 있습니다. 선생님은 매번 몇 번씩 몇 세트를 하라고 합니다.

"회원님, 바른 자세로 이 무게를 열두 번 하세요."

시키는 대로 하지만 열 번 정도 하면 한계가 찾아옵니다. 도저히 못할 것 같아 "더는 못 하겠습니다, 선생님" 하면 단호하게 "하세요. 할 수 있습니다"라는 답변만 돌아옵니다. 다시 "아니, 못 하겠습니다" 하면 "하세요. 제가 도와드릴게요. 제가 잡아드릴 테니 그럼 버티기라도 하세요" 합니다. 그러곤 제 손에 양손을 대고 잡아주시지요.

사람이 힘들면 자세가 흐트러지고 눈이 감깁니다. 악문 이 사이로 욕이 새어 나오기도 하고요. 그렇게 나머지 두 개를 했습니다.

"보세요. 회원님이 하셨어요. 저는 살짝 손만 대고 있었어요. 제가 들지 않았어요. 회원님이 하신 거예요."

사람은 과거 실패와 좌절의 경험으로 자기 한계를 정합니다. 하지만 사람의 몸은 머리가 생각하는 것보다 조금 더 들 수 있습니다. 그때 알았습니다. 제 머리가 할 수 있다고 생각하는 것과 제 몸이 실제로 해낼 수 있는 것에는 차이가 있다는 것을요.

우리가 힘이 생기려면 더 이상 못 하겠다 싶을 때 한두 개를 더 해야 합니다. 그런데 많은 사람이 힘들 때 그만두거나 힘들기 전에 딱 그만둡니다. 그러니 노력을 안 한 것도 아닌데 발전도 변화도 없는 것입니다.

살다 보면 힘든 일이 찾아옵니다. 때로는 힘들다는 걸 알면서도 힘을 키우기 위해 각오하고 뛰어들기도 하고, 나는 원치 않았는데 삶이 힘들어질 때도 있습니다. 그때는 우리에게 우호적이고 최소한의 실력을 갖춘 친구에게든 스승에게든 종교에게든 책에게든 영화에게든 도움을 구하길 권하고 싶습니다. 도움을 구한다는 건 '이건 내가 한번 들어보겠다' 하는 마음자세에서 시작됩니다. 한번 해보겠다는 마음이 새로운 세계의 문을 열어줍니다.

신은 배우려고 마음먹은 사람에게 스승을 보내줍니다. 살면서 별문제가 없다면 얼마나 좋을까요. 아무리 힘든 일을 겪어내고 우리가 선보다 힘 있는 사람이 된다 하더라도 괴로운 일은 없으면 없을수록 좋습니다. 정말 힘든 시간을 지나온 분들에게는 이런 이야기가 별 소용이 없다는 것도 솔직히 잘 알고 있습니다.

일부러 고통과 고난을 자초할 필요는 없습니다. 하지만 어쩔 수 없이 우리에게 찾아온 힘듦이라면, 좀 더 힘 있는 사람이 되고 싶어 경험해내야 하는 힘듦이라면, 혼자 겪어내지 말고 따뜻한 마음과 실력을 갖춘 이들에게 겸허히 보조해달라고 이야기해보면 어떨까 싶습니다.

저에게도 자주 반복되는 일입니다. 겉으로 보기엔 다 잘되고 있는데 내면은 그렇지 않을 때가 많습니다. 여러분도 혹시 요즘 힘들다면 부디 바라건대 이 힘듦이 큰 사고나 사건으로 연결되지 않고 우리를 좀 더 건강하게 만들어주는 계기가 됐으면 좋겠습니다. 이 책이 아주 작은 힘으로나마 여러분의 힘든 마음을 받쳐드릴 수 있다면 참으로 기쁘고 고마운 일이라 생각합니다. 힘들어 자세가 흐트러지고 눈이 감기고 이를 악문 여러분이 두 개를 더 들 수 있도록 손을 잡아드리겠습니다.

이 책은 제 강의를 바탕으로 정리한 것입니다. 새로운 일을 찾고 싶은 분께, 새 인연을 만날 준비를 하는 분께, 여러 관계 속에서 힘들어하는 분께, 삶의 의미를 찾지 못하는 분께, 아니 그보다 먼저 나 자신을 이해하고 나 자신과 화해하고 싶은 분께 권하고 싶습니다.

삶에서 시도해봐야 할 몇 가지 실험과 도전, 생각의 전환을 권하고 있습니다. 거창하지는 않습니다. 어쩌면 거창한 변화는 가짜일지 모릅니다. 요요현상 없이 시나브로 변화하는 자신을 만나시길 기원합니다.

2016년 가을
김창옥

삶의 변명으로부터
자유로워지세요

삶이 보내는 사인

속이 상해서 눈물이 날 때도 있고 좋아서 눈물이 날 때도 있습니다. 한번은 피아노 연주를 하는 후배와 함께 강연을 진행하다 눈물이 난 적이 있습니다. 그저 좋아서요. 좋아서 눈물이 날 때는 마음이 건강해진다는 신호인 것 같습니다.

저는 대부분 강연을 혼자 준비하고 혼자 진행합니다. 다른 전문 강연자들은 강연 자료를 준비해주는 분들이 계시지만 전 줄곧 혼자 했습니다. 수년간 매번 다른 강연을 준비한다는 건 쉬운 일이 아니었습니다. 그래서 강연 전에 매우 민감해지기도 하죠. 사람들 앞에 섰을 때 그들의 순간순간이 즐겁고 유익해야 하니까, 그리고 이전에 했던 내용과 겹치지 않아야 하니까 저는 한시도 긴장을 늦출 수 없습니다.

그런데 피아노 연주를 하는 후배와 함께한 강연에서, 후배의 연주에 집중하는 사람들을 보며 저는 잠시 마음을 쉴 수 있었습니다. 저도 모르게 눈물이 흘렀습니다. 아, 내가 지난 시간 동안 이 무게를 혼자 짊어져 왔구나….

위로받아본 적 없는 사람은 자기가 아픈지도 모릅니다. 정말 좋은 식당에서 좋은 음식을 먹어보면 지금껏 자기가 먹어온 음식들이 얼마나 허술하고 몸에 안 좋았는지 알게 됩니다. 인스턴트식품이나 자극적인 음식만 계속 먹으면 속이 부대낍니다. 그러다 편안한 음식을 먹어보면 '아, 그동안 먹은 음식이 몸에 안 좋았구나' 알게 되지요. 휴식을 취해본 적 없는 사람은 자기가 얼마나 빠른 속도로 달려가고 있는지 모릅니다. 짐을 내려놔 본 적 없는 사람은 자기 어깨에 얼마만큼의 무게가 실려 있는지 모릅니다.

여러분 혼자 너무 짊어지지 마십시오. 자기 혼자 5년, 10년, 20년, 나 아니면 안 될 거라고 생각해서 가족을 모두 책임지는 사람들이 있습니다. 그러면 나중에 습관이 돼서 내 짐을 남들과 나누기 힘들어집니다. 그럼 안 될까 봐, 아니면 사람들이 날 필요로 하지 않을까 봐, 내 존재가 잊힐까 봐. 그렇게 혼자 짐을 짊어지고 가다 보면 나중에 억울하기도 하고, 너무 힘들어서 휘청거리기도 하고, 고꾸라져 넘어지기도 합니다. 지금 혹시 짐을 혼자 다 지고 혼자 책임지려 하고 있다면, 주변 사람들에게 나눠 들어달라고 말해보고 부탁도 해보세요.

이젠 한계라고 삶이 신호를 보내고 있을지도 모릅니다.

운전을 할 때 우리는 수많은 신호를 봅니다. 저는 디스크 시술을 두 번 받았는데, 병상에 누워 있을 때 의사 선생님께서 이런 말씀을 하셨습니다.

"선생님, 몸이 아픈 것은 몸이 사인을 보내는 거예요. 사기 얘기 좀 들어달라고."

마음이 아플 때,

몸이 아플 때,

누군가의 이야기가 갑자기 잘 들릴 때,

무언가 나에게서 빠져나가고 떠날 때,

내 몸에 힘이 없을 때,

삶이 내게 보내는 사인을 들어보십시오.

그리고 최근에는 또 다른 사인이 있다는 걸 알게 됐습니다. 계속 반복되는 일이 있을 때, 그것 역시 사인입니다.

저에겐 반복되는 사인이 하나 있습니다. 바로 제 연구소에서 함께하다 떠나가기를 반복하는 직원들. 연구소에 들어왔다가 짧으면 1년에서 3년, 길면 5년에서 6년 정도 있으면 저와 문제가 생기든 본인에게 문제가 생기든 떠나는 거예요. 5년 넘게 함께한 친구가 있는데 그 친구를 보면 문득문득 '아, 이 사람도 곧 떠나겠구나' 하는 생각이 듭니다.

처음에는 '왜 이러지? 뭔가 문제가 있는데, 원인이 뭐지? 왜 문제 있는 사람만 들어오지? 나한테 잘못이 있는 걸까?' 이런 생각을 했습니다. 그러다 반복되는 건 삶이 보내는 사인이라는 깨우침을 얻었습니다.

문제는 내 안에서 먼저 찾아보는 게 순서입니다.

어린 시절, 어느 순간 알게 된 것이 있습니다.

'아, 우리 엄마는 글을 모르시는구나. 아, 우리 아빠는 귀가 안 들리시는구나. 그래서 학교에서 진학상담을 할 때 엄마가 안 오시려 하는구나. 아버지는 아예 오실 수가 없구나.'

그리고 그게 너무 좋은 거예요. 성적표를 받으면 전 칼로 글자를 지우고 펜으로 정교하게 수정해서 부모님을 속이곤 했습니다. 칼날로 숫자 7 위를 지우면 1이 돼요. 78등이 18등이 되는 것이죠. 글을 모르는 어머니와 귀가 들리지 않는 아버지. 어리고 철없던 시절에는 제 인생에 관여할 수 없는 부모님이 너무 좋았습니다.

하지만 서서히 문제가 생겼습니다. 어떻게 살아야 할지 모르겠고, 삶의 문턱마다 기다리고 있는 선택의 순간 앞에서 무엇을 기준 삼아 길을 가야 할지 모르겠고, 지금은 제게 '소통 전문가'란 수식어가 붙어 있지만 예전에는 사람들과 관계 맺는 데에도 어려움이 많았습니다. 제겐 그런 배움이 부족했던 것입니다.

그러다 보니 제 가까이에 있는 사람들과의 관계에서 문제가 생겼습니다. 강연을 할 때는 인상도 쓰지 않을뿐더러 '어떻게 하면 재미있게 말할까?'만 생각하는데, 직원들 앞에서는 '나를 믿고 여기 온 사람에게 어떻게 하면 이 중요한 걸 알아듣게 이야기하지?'라는 강한 중압감을 받았습니다.

상대가 원하지 않는 것을, 원하지 않을 때 강력하게 주려고 하는 것. 그것만큼 상대를 힘들게 하는 것도 없습니다. 이건 오지랖입니다. 건강한 오지랖이 아니죠.

직원들 앞에서 저는 과도한 오지랖을 부리곤 했던 것입니다. 직원들은 말을 못 하죠. 틀린 말을 하는 것도 아니고, 자신들에게 도움을 주고자 하는 마음 정도는 전달됐을 테니까요. 하지만 버거웠겠죠. 그러다 떠나는 것이었습니다.

저는 그때마다 결심했습니다. 그냥 혼자 하자. 더 이상 제자 같은 직원은 받지 말자. 나만 상처받는구나. 왜 사람들은 내 마음을 알아주지 않을까. 그런 반복의 끝에서 '이건 내 오지랖이었구나'를 깨달았습니다. 그것도 모르고 그간 혼자 억울해한 거죠.

혹시 열심히 살았는데 억울하다면 왜 억울한지 한번 생각해보세요. 억울한 사람들은 열심히 산 사람들인 경우가 많습니다. 떵까떵까 놀며 산 사람들은 덜 억울합니다. 하지만 수십 년간 열심히 산 사람일수록 '근데 내 주위는 다 왜 이 모양이지? 난 정말 재수도 없고 인복도 없나? 난 정말 진심으로 열심히 살았는데 왜 그걸 알아주지 않는 거지?' 하고 억울해합니다.

남들보다 열심히 공부했는데 성적도 안 나오고, 주변 사람들에게 잘

하려 노력했는데 다 나를 떠나고, 궂은일을 마다 않고 최선을 다했는데 티는 안 나고, 나보다 대충 한 놈들은 다 잘되고. 그렇게 억울해집니다, 인생이.

최근에 어떤 사인을 들으셨나요?

당신은 최근에 어떤 사인을 들으셨나요? 사인은 반응이 있어야 자주 보내줍니다. 사인을 보냈는데 우리가 자꾸 모른 척하면 삶은 더 이상 우리에게 사인을 보내지 않아요. 그땐 정말 어디로 가야 할지 어떻게 살아야 할지 모르게 됩니다.

사람 사는 게 뭐 대단한 게 있을까요. 어마어마하게 벌어도 어마어마하게 행복한 건 아닌 것 같습니다. 돈이 많다고 다 행복할까요? 나무가 크면 그늘도 큰 법입니다. 있으면 있는 대로 없으면 없는 대로 힘듭니다. 너무 혼자 낑낑대다 필요 이상의 억울함을 느끼지 마십시오. 그렇게 세상과 사랑을 믿지 않고 자기 혼자 회색빛 공간에서 살지 마십시오.

여러분의 삶이 억울해지지 않았으면 좋겠습니다.
삶과 세상과 사랑을 믿지 않는
그런 우울한 삶이 되지 않았으면 합니다.

"그가 없는 곳에서도 그를 생각하나요?"

미국에서 인공지능을 연구하는 한 대학 교수님이 저를 찾아온 적이 있습니다. 학생들에게 강의 평가가 좋지 않아 강의하는 법을 배우고 싶다는 게 이유였는데, 이런저런 이야기를 나누던 중 교수님이 제게 이런 질문을 했습니다.

"로봇에게 가르쳐주기 힘든 것이 있는데, 무엇인지 아세요?"

어떤 대단한 것이기에 로봇에게 학습시키지 못할까 생각했는데, 대답은 의외로 '유머'였습니다. 감정이죠. 로봇이 인간의 유머 코드를 분석해서 표현해내는 것은 거의 불가능하다고 합니다.

로봇 이야기가 나왔으니 제가 얼마 전에 본 영화 이야기를 들려드리죠. 천재 개발자인 한 남자가 깊은 산속에서 인공지능을 가진 로봇을 만드는 프로젝트를 진행합니다. 이 로봇은 아름다운 여성의 모습을 하고 있지만, 아직 실험 단계라서 뒷모습은 회로기판으로 이루어져 있습니다. 개발자는 유능한 프로그래머를 프로젝트에 참여시켜 여성 로봇의 인격과 감정이 진짜인지 아니면 프로그래밍 된 것인지를 밝히는 테스트를 진행하게 합니다. 로봇이 사랑을 느낄 수 있는지, 그리고 그 사랑을 느낌으로써 남자를 유혹할 수 있는지를 테스트하는 것이었지요. 어느 순간 프로그래머는 자신을 사랑하는 듯한 로봇의 애절한 눈빛을 보게 됩니다.

'눈빛.'

사랑하는 사람을 바라볼 때 우리는 가까이 있는데도 멀리 있는 것을 보듯 지그시 바라본다고 합니다. 멀리 있는 걸 볼 때와 소중하고 사랑스럽고 좋은 것을 볼 때 우리는 시선을 지그시 처리합니다. 가까이 있는데도 멀리 있는 듯한 느낌으로 바라보는 것, 그것이 바로 사랑입니다. 그 시선이 영화 속에 등장합니다. 그리고 결정적으로 여자 로봇이 남자에게 이런 말을 합니다. 사랑이 시작되었다고 느끼는 부분이죠.

"내가 없는 곳에서도 나를 생각하나요?"

"내가 없는 곳에서도 나를 생각하나요?"
당신에게도 그런 존재가 있나요?

저는 이 대사를 들으며 이 말이 바로 사랑의 시작이자 중심이라고 생각했습니다.

우리 직장생활을 한번 볼까요. 퇴근 후에 직장을 생각하면 그건 직장이 아닙니다. 그건 그 사람의 사랑이에요. 출근하기 전에 회사에서 할 일을 생각한다면 그건 직장이 아닙니다. 그건 그 사람의 사랑이지요. 가수가 하루 일을 마치고 집으로 돌아와 노래를 생각하지 않고 무대를 생각하지 않는다면 그건 사랑이 아니에요. 그건 그 사람의 직장이고 직업이고 일입니다.

새로운 직장이나 직업을 얻고 싶으신 분께, 혹은 지금 싱글이라 새로운 인연을 만나고 싶은 분께 권하고 싶은 이야기가 이 영화 속에 나옵니다. 사람들은 대개 취업을 할 때 가장 먼저 이렇게 물어봅니다.

"그 회사, 힘들어? 돈 많이 줘?"

하지만 힘이 들어야 힘이 생깁니다. 이게 힘의 법칙입니다. 힘을 들이지 않고 힘 있는 사람이 되려 하는 것을 '불한당不汗黨'이라고 합니다. '아니 불不'에 '땀 한汗' 자를 써서 '땀을 흘리지 않고 무엇을 얻으려는' 사람을 뜻하죠. 힘이 들어야 힘이 생깁니다. 그러니 "힘들어?"하고 묻는 것은 매우 바보 같은 질문입니다. 내 사랑인지를 물어봐야 합니다. 그 사랑을 확인하기 위해 로봇은 이렇게 말하는 것입니다.

"내가 없는 곳에서도 나를 생각하나요?"

출근하면 점심에 뭐 먹을지만 생각하고, 점심을 먹은 뒤로는 퇴근만 생각하고, 퇴근 후에는 또 내일 출근하는 것을 염려하는, 그런 사람이 많습니다. 혹시 이렇게 살고 있다면 그 직장을 나오세요. 그 회사를 위해서, 내 소중한 삶을 위해서.

그리고 '사랑'을 찾으세요.

이 직장이 힘드냐 안 힘드냐, 이 사람과의 관계가 힘드냐 안 힘드냐는 중요하지 않아요. 직장생활도, 인간관계도, 나와 내 삶의 관계에서도 '힘드냐 안 힘드냐'는 중요하지 않아요. 내가 '그것' 혹은 '그 사람'이 없는 곳에서도 생각하는, 그런 존재를 찾는 것이 중요해요. 그런 사람이 있다면 분명 좋은 사랑이고, 그런 일이 있다면 힘들여 해내서 내 힘을 키울 수 있는 좋은 직업입니다. 지금 당신이 그가 없는 곳에서 그를 생각하고 있다면, 깊은 사랑에 빠진 것입니다.

저도 지금 그 사랑에 빠져 있습니다.
그때야 비로소 살아 있는 것 같았습니다.

'그'가 없는 곳에서 생각하는 '그'가 무엇인지 찾아보세요. '그'는 사람일 수도 있고 춤일 수도 있고 일일 수도 있고 악기 연주일 수도 있습니다. 그런 사랑이 사람을 생기 있게 만듭니다.

저는 최근에 단역으로 영화배우 일을 시작했습니다. 영화에 굉장히 짧게 나오거나 혹은 촬영했지만 편집되어 안 나올 수도 있습니다. 오디션을 볼 때는 분명 대사가 있었는데 어울리지 않는다고 대사를 없애버리기도 하고, 실제 출연 시간이 1, 2초에 그치기도 합니다. 어떻게 보면 아무것도 아니고, 어떻게 보면 처음 시작한 사람으로서 출연 자체가 엄청난 기회일 수 있습니다.

저는 대사도 없는 그 1, 2초 출연을 위해 시간을 쪼개 레슨을 받고 있습니다. 촬영에 들어가기 전부터 영화 생각만 나고, 촬영이 끝난 뒤에도 머릿속에서 영화가 떠나질 않아요. 내 몸에 피가 도는 것 같습니다. 활력이 생기고 진정 살아 있는 것 같습니다.

그것과 함께 있지 않아도
그것을 생각하게 되는 순간이
당신에게 오기를 바랍니다.

잘하지 않아도 좋습니다. 잘하건 잘하지 않건 사랑입니다. 뭔가를 잘하고 1등을 하기 위해서라기보다 그 자체를 사랑하는 것이 진정한 우승이고 승리입니다.

한번은 유럽 청소년 축구팀으로 간 한 소년의 인터뷰를 보았습니다. 유럽 축구와 한국 축구의 차이를 묻는 질문에 소년이 이렇게 말했습니다.

"한국은 이기기 위해 축구를 하는 것 같고, 이곳은 즐기기 위해 축구를 하는 것 같아요."

그 차이는 어떤 결과를 낳을까요? 골대 앞까지 공을 몰고 간 선수는 골을 넣어야 하는 결정적인 순간이 왔을 때 '이겨야 한다'는 마음에 사로잡혀 골 결정력을 잃고 맙니다.

잘하려 하지 말고 사랑하려 하십시오.
잘하려 하기보단 사랑하려 할 때
진정한 성과를 창출할 수 있습니다.

지금 당신에겐 어떤 사랑이 있나요?

맛있는 것을 먹을 때, 좋은 곳에 갔을 때 누군가가 생각난다면 그 사람은 당신의 사랑입니다. 그것이 없는 곳에서도 그것을 생각한다면 그건 당신의 사랑입니다. 그 사랑을 찾을 때 당신의 삶은 이전보다 훨씬 생기 있고 활력이 넘칠 것입니다. 당신의 사랑을 찾으십시오.

두려움은 삶의 과속방지턱입니다

사회생활이 너무 두렵다는 분이 많습니다. 세상과 사람에 대한 불신도 있지만 자기 스스로에 대한 믿음이 부족하기 때문이기도 하지요. 하지만 이 두려움을 나쁘게만 생각할 필요는 없습니다. 좋은 역할을 하기도 하니까요.

당신의 두려움은

당신 삶의 속도에

과속방지턱이 되어줄 것입니다.

두려움으로 인해 위험으로부터 자신을 보호할 수 있습니다. 두려움을 보고 속도를 줄여야 할 때가 있습니다. 사람이 무언가를 두려워할 줄 알 때 오히려 자기 자신을 지켜낼 수 있습니다.

또한 두려움은 때때로 그림으로만 그려진 과속방지턱일 때가 있습니다. 그러니 너무 두려워할 필요도 없습니다. 과속방지턱이 높게 솟아 있는 경우도 있지만 색깔만 과속방지턱처럼 칠해놓은 곳도 있습니다. 두려움은 총알 없는 총과 비슷합니다. 실존이 아닌 내 생각일 뿐인데 그 두려움에 매몰되어 평생 두려움 안에서 살지는 마십시오.

긴 세월을 산 건 아니지만, 세상에는 실제로 아프고 두렵고 힘든 일이 많다는 것쯤은 저 역시 경험으로 알고 있습니다. 하지만 두렵다고 주저앉지는 마십시오. 두렵다고 죽지는 않습니다. 이 두려움을 이기는 방법은 두려움과 마주하는 것입니다. 두려움의 실상을 똑바로 바라보는 것이죠. 눈 딱 뜨고 마주 보면 실상은 별것 아닌 것이 더 많습니다.

두려움이 주는 경고와 주의는 받아들이되, 그 기운에 밀리지는 마세요. 사회는 경험하면서 배우는 것인데, 기죽고 두려움에 짓눌리면 지금껏 어렵게 배워온 지식들도 아무 소용이 없어집니다.

새로움을 위한 오늘의 실험

우리는 '잘 사는 것'에 관심이 많습니다. 모두 다 잘 살고 싶어 하지요. 그런데 사람들은 '잘 산다'는 걸 '부자'라고 생각합니다. 부자는 돈이 많은 사람을 뜻합니다. 그러나 돈이 많다고 다 잘 사는 건 아닙니다. 돈은 많은데 잘 살지 못하는 경우도 있고, 돈은 없지만 잘 사는 사람도 있습니다. 물론 돈도 없고 잘 살지도 못하는 사람도 있죠. 뉴스를 한번 보세요. 돈 많은 사람들이 계속 싸우잖아요.

저는 '내가 참 가난하구나' 싶을 때도 있고, 반대로 '이제 좀 부자가 됐구나' 싶을 때도 있습니다. 일례로, 저는 강의를 위해 전국 방방곡곡을 다니기 때문에 차로 1년에 약 7만 킬로미터를 이동합니다. 지구 한 바퀴가 4만 75킬로미터인 걸 생각하면 1년에 지구 두 바퀴를 도는 셈이지요. 그렇게 다니다 보니 타지에서 숙박하는 경우가 많습니다. 강사로 일한 지 15년 정도 됐는데, 약 10년 동안은 무조건 모텔에서 묵었습니다. 저렴하기 때문이죠. 호텔에서 자는 건 생각해본 적도 없었습니다.

한번은 호텔에서 강의를 하게 되었는데, 그 호텔에서 숙박을 제공해준다는 것이었습니다. 물론 저는 속으로 '차라리 돈으로 주지'라고 생각했습니다. 하룻밤 잠만 자는데 모텔보다 열 배나 비싼 호텔에서 묵는 게 아까웠기 때문입니다. '호텔비를 돈으로 주면 싼 모텔에서 자고 나머지 돈은 내가 가질 텐데….' 호텔에서 그렇게 해줄 리 없었죠.

그런데 다음 날 호텔에서 잠을 자고 일어났는데, 아침의 느낌이 너무도 달랐습니다. 몸이 완전한 휴식을 취한 듯 상쾌했습니다. 그 후, 제 자신을 위해 호텔에서 묵어야겠다고 생각했습니다. 처음에는 어색했습니다. 좋은 게 좋은 게 아니었어요. 좋은데 어색하면 안 좋은 것만 못하지요. 하지만 시간이 지나면서 점차 호텔에 적응하고 아침마다 개운함을 만끽할 수 있을 정도가 되었습니다. 그때 '아… 나도 이제 경제적으로 여유가 생겼구나' 하고 생각했습니다.

하지만 다음 관문이 나타났습니다. 예전에 비해 돈이 조금 더 생겼을지는 몰라도 부유하지는 않다는 생각이 드는 계기가 있었습니다. 그건 바로 호텔에 있는 샴푸, 컨디셔너, 샤워젤, 바디크림을 챙겨서 나올 때였죠. 아까워서 몸과 머리는 비치된 비누로 씻고 사용하라고 둔 샴푸와 샤워젤은 몽땅 챙겼습니다. '이렇게 유용하게 쓰일 수 있는 걸 왜 안 가져가? 내가 뭐 가난해서 가져가나? 다 기념이야! 추억이고!' 이렇게 자기최면을 걸면서 싹 쓸어 가방에 챙겨 넣곤 했습니다. 그렇게 1, 2년이 지나고 어느 날부턴가 그 물품들을 보면서도 가져가야겠다는 생각이 들지 않았습니다. '아, 이제 내가 어느 정도 부유해졌구나' 생각했습니다.

하지만 고백하건대 아직 넘지 못한 관문이 있습니다. 호텔 안 냉장고! 하루는 무료로 제공되는 물을 다 마시고도 심하게 목이 말랐습니다. 냉장고 안은 물과 맥주로 가득했지만 '참자! 물 하루 안 마신다고 죽지는 않아!' 하고 버텼습니다.

'왜 몇십만 원 하는 호텔비는 호기롭게 결제하면서 몇천 원 하지 않는 물은 못 마시지?'

저는 이후 곰곰이 생각했습니다. 제가 어느 경우에 돈 쓰는 것을 아까워하고, 어느 경우에 돈 쓰는 것을 아까워하지 않는지. 여러분도 지금 생각해보세요. 사람마다 그런 부분이 있습니다.

어떤 사람은 먹는 것에는 돈을 아끼지 않는데 입는 옷에는 굉장히 인색합니다. 또 어떤 사람은 먹는 것과 입는 것에는 모두 인색한데 취미용 자전거나 오디오에는 큰돈을 씁니다. 어떤 사람은 비싼 커피는 매일 사 마시면서 책 한 권은 비싸다고 생각합니다.

'왜 이렇게 아깝지?' 하고 생각되는 것,
당신에겐 무엇인가요?

제 경우, 다른 사람에게 보이는 부분에는 돈을 아끼지 않고 있었습니다. 사람들이 봤을 때 '어, 저거 비싼데. 어, 저거 좋은 건데'라고 할 것들이죠. 예를 들면 차, 옷, 신발, 시계 등은 조금 비싸더라도 구입합니다. 반대로 정기적으로 바꿔야 하는 면도날이나 날마다 쓰는 수건은 잘 사지 못합니다. 면도날 하나로 3개월을 버틴 적도 있습니다. 면도날 한 묶음에 만 원 정도 하는데 그게 그렇게 비싸 보였습니다. 또 저희 집 수건은 거의 다 누군가에게 받아서 기념 문구가 찍혀 있는 것들이고, 그나마도 너무 오래 사용해서 닦을 때마다 얼굴이 쓸리는 듯한 기분이 듭니다.

새삼 알았습니다. 아, 나는 남들이 보지 않는 것, 하지만 나 자신을 위해 매일매일 중요하게 써야 하는 것에는 인색하구나.

나에게 가장 인색했던 건
나 자신 아니었나요?

'나는 왜 비싼 차는 아까워하지 않으면서 매일 사용하는 작은 것에는 인색한가?'

차는 그렇게 비싼 걸 툭 사면서 수건은 아깝고 면도날도 아깝고. 비싼 호텔비는 툭 결제하면서 물 한 통 사 마시는 건 아깝고. 세상의 물건 중에는 나를 케어하는 것과 나를 과시하는 것이 있습니다. 저는 그간 나를 케어하는 물건에는 모질게 인색했다는 걸 깨달았습니다. 그리고 당장 면도날을 샀습니다. 좋은 면도날. 피를 보지 않아도 되는 면도날!

부자가 됐다는 건 어떤 의미일까요? 돈을 많이 벌면 부자일까요? 부자라고 다 풍요로운 삶을 살까요? 아무리 돈이 많아도 남의 시선에만 값을 지불하고 나 자신에게 인색하다면 그 사람을 부자라 할 수 있을까요?

당신은 어디에 돈을 쓰는 게 아깝지 않나요? 그리고 적은 돈이지만 어디에 돈을 쓰는 게 아깝나요? 남들이 "저 사람 되게 좋은 거 하네" 하지 않아도 나를 위해 매일매일 소중하게 쓰일 것들을 사보세요. 여기에 도전해보세요. 비누 대신 향기 좋은 샤워젤을 사도 좋고 난생처음 내 돈 주고 수건을 사도 좋고 이불, 양말, 슬리퍼, 면도크림, 구둣솔을 바꿔도 좋습니다. 남들이 보지 않아도 나를 위해 뭔가를 할 수 있을 때 나 자신이 더 소중하게 느껴집니다. 그리고 '아, 나도 이제 좀 풍요로워졌구나' 하는 생각이 들게 될 것입니다.

저는 꼭 호텔에서 에비앙을 마셔보겠습니다. 아무리 내면의 목소리가 '너 지금 너무 사치하는 거 아니야?'라고 말한다 해도요.

새로움을 아끼지 말고 실험해보세요.

사람들은 삶이 늘 똑같다고 말합니다. 삶이 갑자기 획기적으로 변하진 않거든요. 저는 여러분께 사치를 권하는 게 아닙니다. 실험을 하지 않으면 삶이 변하지 않는다는 걸 말하려는 거예요. 힘들지만 호텔에서 떨리는 마음으로 냉장고를 열고 에비앙을 마셔보는 것.

그런 실험을 해보세요.

아무리 좋은 강의를 많이 듣고 좋은 책을 많이 읽어도 삶에서 실험을 해보지 않으면 오히려 독이 될 수 있습니다. 실험을 안 해보고 이런 이야기를 계속 접하면 오히려 독이 돼요. 세상에 떠도는 이런 이야기들은 다 비슷비슷하거든요. 그래서 알게 되죠. '어, 저거 아는 얘긴데!' 하지만 삶에 변화는 찾아오지 않잖아요? 그럼 다 시시해지는 것입니다. 진짜 재미있으려면 삶에서 실험을 해봐야 해요.

세상에 '새것'은 없어요.
하지만 '새로워지는 것'은 있습니다.
자신의 일상에서 새로움을 발견하고 실험할 때,
내 인생의 또 다른 이야기가 펼쳐질 것입니다.

30대, 40대, 50대, 인생에서 늦은 때란 없습니다. 우리가 실험을 하기 시작하면 머지않아 인생의 새로운 땅이 주어질 것입니다. 꼭 한 번 당신만의 실험을 해보세요.

정서적 허기

자기가 원하는 게 뭔지 모르고 사는 사람들이 있어요. 자기가 원하는
것보단 해야 할 것만 하는 사람들이 있어요. 그리고 생각하지요. '내
가 없으면 안 돼. 내가 없으면 이 회사 안 돌아가.' 하지만 내가 없으
면 안 되던가요? 잘만 돌아갑니다. 그걸 알게 됐을 때 찾아오는 섭섭
함, 헛헛함. 이걸 정서적 허기라고 합니다.

내 정서가 원하는 게 있는데 그것이 채워지지 않는 데서 오는 허기.
스트레스를 받고 화가 나고 짜증이 나고…. 내 마음이 목마른 건데
우리는 알아채지 못합니다. 그러니 물건을 사들이고 자극적인 음식
만 찾는 거예요.

옷장을 열어보세요. 입을 옷이 없지요? 들 가방도 신을 신발도 없어
요. 그래서 사요. 하지만 내년엔 또 없을 거예요.

하루는 혜민 스님과 여러 지인들을 만나는 자리가 있었어요. 그때 저
는 "아마 오늘 옷장을 열었을 때 입을 옷이 있었던 사람은 혜민 스님
밖에 없었을 겁니다"라고 말했어요. 의아해하는 스님께 "스님은 승
복만 입으시니 입을 옷이 있지만, '오늘 혜민 스님 만나러 가는데 무

슨 옷 입지?' 하고 고민한 우리는 옷장을 열고 '아, 옷이 없다…'라고 생각했을 거예요." 그 자리에 있던 사람들은 모두 웃으며 동의했죠. 하지만 우린 옷이 없는 게 아니에요. '입을 만한 옷'이 없는 거예요. 가방이 없는 게 아니에요. 들 만한 게 없는 것이고, 먹을 게 없는 것이 아니라 먹을 만한 게 없는 거예요. 내 마음이 원하는 걸 내가 모르는 거예요.

내가 원하는 걸 모르는 한 우리는 백화점을, 온라인 쇼핑몰을 귀신처럼 떠돌 거예요. 마치 매일이 크리스마스인 것처럼 택배 기사님을 산타클로스 기다리듯 기다리며 살 거예요. 마음의 목마름을 계속 물질로 채우면 그 허기는 평생 사라지지 않을 거예요.

셀프텔러가 나에게 무슨 이야기를 하던가요?

이야기를 들리게 하는 사람이 있고 들리지 않게 하는 사람이 있습니다. 목사님, 신부님, 스님, 선생님이 강론이나 설교를 하는데 그 이야기가 안 들릴 때가 있어요. 소리가 안 들린다는 게 아니라 마음으로 안 들어오는 말들이 있다는 뜻입니다.

반면 내 가슴으로 확 들어오는 말들도 있지요. 타인의 이야기를 잘 듣고 소화시키는 사람일수록 자신의 이야기도 다른 사람에게 잘 들리게 할 수 있어요. 잘 들린다는 것은 그 이야기를 듣고 반응하고 움직이게 한다는 의미입니다.

부모님이, 선생님이, 사장님이 틀린 말을 하는 것도 아닌데 안 들릴 때가 있지요? 맞는 말만 주야장천 하는데 귓가를 스칠 뿐 머릿속으로

38

마음속으로 안 들어올 때가 있지요? 이럴 땐 듣는 사람도, 말하는 사람도 문제가 있을 수 있지만 듣는 게 더 중요하니 듣는 사람 중심으로 이야기해보겠습니다.

제 아버지는 장손이었고 집안에 제사가 많았기 때문에 아들이 둘 정도는 있어야 한다고 생각했습니다. 그래서 제가 느지막이 형 하나, 누나 넷을 이어 태어났습니다. 제사를 돕기 위해 태어난 것이지요.

당연히 교회에 다니지 않는 집이었는데 중학교 3학년 때 처음으로 교회에 갔습니다. 그 당시가 뉴밀레니엄을 앞두고 지구가 망한다는 소문이 자자할 때였죠. 지구 종말에 관심이 생겨 교회에 가본 거예요.

그리고 깜짝 놀랐습니다. '자매님'이 교회에 있다는 사실에! 그때만 하더라도 남학생이 여학생을 만난다는 것은 '노는 아이'만 가능했기에 공식적으로 여학생을 만날 수 있는 교회는 저에게 천국이었습니다. 크리스마스에는 모두 함께 이불 아래로 손을 넣어 '전기게임'도 하는 천국. '아, 천국은 죽지 않아도 존재하는구나!'

저는 제가 딱 교회 스타일이라고 생각하고 6개월간 열심히 다녔습니다. 그런데 6개월이 지나자 문제가 생겼어요. 목사님이 설교를 하시는데 무슨 말인지 하나도 모르겠는 거예요. 안 들려요, 무슨 소리인지. '학교에서도 힘든 수업을 받아야 하는데 교회에서까지 이렇게 고통받아야 하나'라는 생각이 들면서 '교회는 천국과 지옥이 공존하는 곳이구나' 하고 생각했습니다.

소리가 들려야 합니다. 소리.

사업 잘하는 분들의 특징은 남들이 못 본 걸 자기가 먼저 본다는 것입니다. 그리고 자기가 보고 자기가 들은 걸 믿어요. 이 사람들이 먼저 치고 나가는 거예요. 반면 보여야 믿는 사람들이 있어요. 하지만 그땐 시장이 꽉 차 있습니다.

저는 초등학생 때 처음 그 소리를 들었습니다. 2학년 때인가 3학년 때인가, 어떤 소리가 저를 찾아왔어요.

저는 어렸을 때 대부분의 시간을 두뇌개발의 성지인 오락실에서 보냈어요. 그게 아니면 누나들 사회과부도를 몰래 가져와 딱지를 접어 딱지치기를 하며 세월을 보냈습니다. 그때였어요. 딱지를 넘기려고 하는 순간. 시간이 천천히 흐르며 그 소리가 찾아왔습니다.

"사람의 죽음은 공간의 이동이냐, 존재의 소멸이냐?"

저에게 정확하게 물어왔습니다. 저는 당연히 아무런 대답을 할 수 없었죠. '그래, 모든 사람은 죽지. 사람이 죽고 나면 어떻게 되는 거지? 영혼이 없어져 버리는 건가? 아니면 영혼이 다른 세상으로 가는 것인가? 그런데 아마 이순신 장군처럼 훌륭한 분들은 좋은 곳으로 갈 것이고 오락실에서 돈이나 뺏는 놈들은 지옥으로 가겠지'라고 생각했습니다. 이내 소리는 사라져 버렸습니다.

훗날 이 목소리를 '셀프텔러selfteller'라고 한다는 것을 알게 되었습니다. 자기 안에서 자신에게 말하는 존재가 있다는 것입니다.

제가 돌이켜봤을 때 셀프텔러는 두 가지 경우에 저를 찾아왔습니다. 첫 번째는 뭔가를 선택할 때입니다. 어쩌면 여러분 중에는 자신 안에 있는 셀프텔러의 목소리를 증폭시키기 위해 제 강의를 찾아 들으시는 분이 있을 겁니다. 내 안의 목소리가 아직 희미하니까 분명한 목소리와 공명해서 증폭시키려는 것입니다.

하지만 문제는 소리를 듣고 행동하지 않으면 '번민'이 시작된다는 것입니다. 이유도 모른 채 몸이 아프고 마음이 아픕니다. 내 여건을 봤을 땐 아무 문제가 없는데 왠지 행복하지 않고 뭔가 이상하다는 생각이 자꾸 듭니다. 누군간 '배부른 소리 한다'고 할 수 있지만 '뭔가 내 영혼이 만족하지 않는 것 같은데… 뭐지… 이건…' 하는 생각이 자꾸 듭니다.

그 소리는 비록 보이진 않지만 우리에게 디테일한 현실을 만들어줍니다. 그 소리가 찾아오면 꼭 들으십시오. 그 소리를 듣고 그 소리에 반응하십시오.

그 소리는 전화를 끊어야 들을 수 있습니다.

교회에 다니기 시작한 한 남자가 있습니다. 신앙이 깊지 않던 그 남자는 목사님께 가서 이렇게 물었습니다.

"목사님은 하나님을 자주 만나십니까?"

"네, 종종 만납니다."

"아무래도 저는 신앙이 없어 하나님이 절 잘 안 만나주시는 것 같습니다. 목사님께서 만나실 때 제 이야기도 좀 해주시고 그분께서 저에 대해 뭐라고 하시는지 제게 말씀도 좀 해주십시오."

"네, 그러겠습니다."

며칠 뒤, 두 사람은 다시 만났습니다.

"목사님, 하나님 만나셨어요?"

"네, 만났습니다."

"제 이야기해보셨어요?"

"네, 했습니다."

"하나님께서 저에 대해 뭐라고 하시던가요?"

"선생님께서 계속 통화 중이라고 하시더군요. 전화 좀 끊으시라고요."

'그 소리'는 전화를 끊어야 들을 수 있습니다. 전화를 끊는다는 것은 외적 소음과 내적 소음 모두를 말합니다. 부산하고 바쁜 사람은 삶이 자신에게 건네는 소리를 잘 듣지 못합니다. 혹은 두 가지 소리가 동시에 들려 소음이 돼버립니다. 그래서 안 들리는 것입니다.

제가 보기엔 소리를 듣는 사람만이 리더가 될 수 있습니다. 다른 사람들에겐 보이지 않는 것을 보고, 들리지 않는 것을 듣는 사람이 리더가 될 수 있습니다. 여기서 말하는 '리더'는 사장이 아닙니다. 자기 삶을 주체적으로 이끌어가는 인생의 주인이라는 말입니다.

'그 소리'가 찾아오는 두 번째 경우는 삶이 위험하고 힘들 때입니다. 사업하는 한 지인이 새로운 시장에 진입했다 몇 달 만에 큰 적자를 보고 철수했습니다. 그때 그분은 이렇게 말하더군요.

"어차피 제가 판단을 잘못해서 이런 일이 일어난 것이니 실패가 아니라 삶의 레슨이라 생각하려고요."

그분에게 어려움이 닥쳤을 때 셀프텔러가 찾아와 이렇게 말한 것이지요.

"네가 선택을 잘못해서 이런 일이 생긴 거야. 하지만 이건 사업하는 과정에서 발생한 레슨비야. 이렇게 하면 안 된다는 것을 알려준 거지. 그러니 이번 실패를 레슨포인트로 잡고 다음 단계로 가면 돼."

> 우리는 살다 보면
> 망할 수도 실패할 수도 헤어질 수도 있습니다.
> 어떤 어려움이 찾아왔을 때
> "비록 지금은 힘들지만 이건 내 삶에
> 중요한 자산이 될 거야"라고 받아들일 수도 있고
> "살아서 뭐해. 나는 정말 되는 일이 없어"라고
> 생각할 수도 있습니다.
> 똑같은 상황인데 각기 다른 셀프텔러가 찾아온 것입니다.

좋은 소리를 들을수록 좋은 셀프텔러가 찾아옵니다.

좋은 셀프텔러가 나를 찾아오도록 하는 방법은 좋은 소리를 자꾸 듣는 것입니다. 무척 간단한 원리입니다. 사람은 누군가 나에게 해줬던 말을 기억하고 그 말에 반응하고 그 말대로 하려 합니다. 보고 배운다는 건 정말 강력한 교육입니다. 그러니 좋은 거 보고 좋은 거 듣고 좋은 거 먹고 좋은 데 가고 좋은 사람 만나고…. 그리고 우리도 서로에게 그런 사람이 됐으면 좋겠습니다. '좋은 것'은 비싸고 호화로운 것을 말하는 게 아닙니다. 끝날 때 좋은 느낌을 주는 것이 '좋은 것'입니다. 시작할 때는 좋은데 끝날 때 그렇지 않은 것도 많습니다.

셀프텔러의 이야기를 듣고 내면이 반응하신 분이 있는지 강연 중에 물어보았습니다. 한 중년 남자분이 자신의 이야기를 들려주었습니다.

"저는 아들만 여덟인 집에서 태어났습니다. 초등학교 4학년 때부터 지금까지 한 번도 일을 쉬어본 적이 없습니다. 자기 몫은 자기가 알아서 살아내야 하는 집이었으니까요. 초등학교 4학년 때 석간신문을 돌리는 일부터 37년 동안 쉬지 않고 일했습니다. 그리고 지금 하고 있는 일은 주말에 쉴 수 없는 일이었기에 가족과 함께 시간을 보낼 수가 없었습니다. 내 안의 목소리가 '쉬어도 괜찮다'라고 이야기해주었습니다. 지금 백수 된 지 3일 됐습니다. 선생님 강연을 직접 와보고 싶었고 이렇게 질문도 해보고 싶었습니다. 그걸 할 수 있게 돼서 아주 좋네요. 아직도 많이 두렵습니다. 괜히 아내 눈치도 보이고 불안하기도 합니다. 하지만 '한번 쉬어봐라'라고 말해주는 내면의 목소리를 듣고 용기를 내봤습니다."

내면의 목소리를 듣고 반응하면 두렵고 겸연쩍을 수 있습니다. 하지만 두려움을 극복하려면 마주치는 방법밖에는 없습니다.

뭔가가 잘 안 됐을 때 그 소리가 찾아올 것입니다. 누군가와 헤어졌을 때 그 소리가 찾아와서 뭐라고 말할 거예요. 직장을 떠났을 때도 그 소리는 찾아옵니다.

소리를 들은 사람만이 다른 사람에게 소리를 들려줄 수 있습니다. 좋은 소리가 들리는 곳으로 가십시오. 그리고 비록 불안하고 두렵더라도 그 소리에 꼭 한번 반응해보십시오.

무엇이든 한 번에 되는 것은 없습니다

강의를 시작하고 한동안은 혼자 모든 일을 처리했습니다. 강의 섭외가 들어오면 일정 조율부터 강의료 안 들어온다는 독촉 전화까지. 혼자 온갖 일을 했습니다. 그러다 교육 사업을 해야겠다는 생각을 했고, 연구소 직원이면서 제자가 될 사람들을 받게 되었습니다. 간혹 저에게 강의를 배우고 싶다는, 제자가 되고 싶다는 사람들이 있습니다. 직원을 받고 저도, 직원도 열심히 했습니다.

어느 날 문득 한번 헤아려봤습니다. '몇 명이 연구소를 거쳐 갔나.' 예닐곱 명이 제 연구소를 거쳐 갔습니다. 한 친구는 출근해서 하루 만에 어머님이 위독하시다는 거짓말을 하고 도망치기도 했습니다. 이런 경우는 어이가 없지 상처받지는 않습니다. 하지만 1년, 2년, 5년, 6년… 이렇

46

게 오랜 시간 함께 친구처럼, 형제처럼 지내던 사람들이 연구소를 떠날 때면 생각이 많아집니다. 그동안 쌓인 사랑과 추억이 꽤 많은데 그런 사람이 떠나게 되면, 가장 먼저 셀프텔러가 저에게 이런 말을 합니다.

"집어치워! 그냥 혼자 해."

경험한 분들은 알겠지만 직원이 떠날 때면 고용한 사람도 만만치 않게 마음이 힘듭니다. '그냥 혼자 할까? 내가 리더로서 자질이 없는 것 같아. 역시 나는 혼자 뭔가를 해야 하는 사람인 것 같아. 사람들을 이끄는 건 아직 역부족이야.' 이런 생각이 올라옵니다.

40명의 성악 동기 중 몇 명이 끝까지 노래를 하고 있을까?

대학 때 전공한 성악을 생각해보니, 성악 전공자가 40명이면 노래를 끝까지 하면서 벌이를 하는 사람이 네댓 명도 채 되지 않는다는 사실을 깨달았습니다. 그리고 저와 비슷한 시기에 자신의 가게를 오픈한 분께 물어봤습니다.

"원장님, 처음에 이 일을 함께 시작한 직원들이 몇 명 정도 남았나요?"

그곳은 아주 이른 시간에 일을 시작하고 월요일부터 토요일까지 일하는 곳이었기에 쉬워 보이지 않았습니다.

"글쎄요, 한 10퍼센트 정도인 것 같아요."

그곳도 10퍼센트였습니다. 그 말을 듣고 저는 제 자신에게 말했습니다.

"그래, 100명이 시작하면 90명이 나가는데, 너도 10명의 직원이 남아 있기를 원한다면 100명은 경험해봐야 해. 90명이 들어왔다 나간다 해도 평균의 승률은 한 거야. 그러니 절망하기엔 아직 일러."

제대로 뭔가를 이루는 것은 결코 쉽지 않습니다. 너무 단순한 이야기지만, 한 번에 되는 것은 없습니다. 오히려 한 번에 되는 것이 이상할 수 있습니다.

그런데 이런 상황이 닥쳤을 때 어떤 사람이 극도의 스트레스를 받는지 봤더니, 자기 자신에게 철저한 사람일수록 더 큰 상처를 받았습니다. 자신에 대한 자부심이 강하고 자존심이 센 사람들이 '한 번에 되지 않는 것'에 극한 스트레스를 받습니다.

제가 쓴 책에 이런 표현이 있습니다. '가난한 형편 탓에 공업고등학교에 진학하고'라는 표현. 가난했던 건 맞지만 '공부를 못해서 공업고등학교에 진학하고'가 정확한 표현이죠. 가난해서 간 게 아니라, 공부를 못해서 공고에 간 거죠.

그렇게 공업고등학교를 가고 보니 학생들이 반에서 30~40등 하는 것에 그다지 스트레스를 받지 않았습니다. 왜냐하면 거기에선 마음만 먹으면 3개월 안에 1, 2등을 할 수 있었기 때문이죠. 물론 대부분 그 마음을 먹지 않고 그냥 졸업합니다. 그런 곳이었기에 공부 못하는 아이도 자신이 30~40등 한다는 것에 큰 스트레스를 받지 않았고, 1, 2등 하는 아이도 교만하지 않았습니다. 언제든 쉽게 등수가 뒤바뀔 수 있는 곳이었으니까요. 즉 자신의 성과나 자신이 가진 것, 자신의 위치로 존재를 확인하지 않는 곳이었습니다. 자신의 성과가 미미하다고 그걸 비관해서 자살하거나 나쁜 짓을 하는 친구는 없었습니다.

제가 너무 미화해서 설명했지만, 우리는 사업이 얼마나 잘되는가, 얼마나 유명한가, 그래서 월매출이 얼마나 되는가, 직원이 몇 명인가 등 그 사람이 가진 것과 이룬 성과로 그 사람을 평가합니다. 그리고 자기 스스로를 그 기준에 맞춰 평가합니다. 하지만 우리가 정말 그런 것들로 평가받아야 하는 존재인가요?

비록 삶이 내 뜻대로 안 되더라도

저희 어머니는 항상 저에게 미안해하십니다.

"창옥아, 우리 막둥이가 강의를 하면 다른 사람들은 웃지만 엄마는 눈물이 나. 우리 막둥이가 저 말을 하려고 서울에서 혼자 얼마나 애를 썼을까. 엄마는 눈물이 나. 엄마가 해준 것도 없고. 항상 미안해. 엄마 이름도 못 쓰는 엄마가, 엄마가 너에게 해준 게 없어서 미안해!"

항상 미안하다는 어머니 이야기를 듣고 있으면 눈물이 납니다. 하지만 저는 어머니께서 자신이 생각하는 방향대로 저를 키우려 하지 않으셨기 때문에 저만의 캔버스가 생겼다고 생각합니다. 저희 아버지께서 잘나가는 분이 아니셨기에 역설적으로 제가 스스로 해야 한다고 생각했던 것 같습니다. 형편이 좋은 집에서 살면 그 형편대로 감사하며 살면 됩니다. 그렇지 못한 환경이면 그 안에서 살 방향을 스스로 찾아 나서면 됩니다.

재수 중이라는 한 남학생 이야기를 들었습니다. 그 친구는 실력은 되지만 집안 형편 때문에 가고자 하는 외국 대학을 가지 못했습니다. 그 친구의 내면에선 "너는 현실의 벽에 부딪쳤을 때 너의 이상을 따라갈 용기가 있느냐?"는 질문이 들려왔고, 마냥 뒷걸음치고 부모님을 원망하는 자신이 부끄럽고 못마땅했습니다.

세상에는 내 뜻대로 되는 일과 되지 않는 일이 있습니다. 살다 보면 내 뜻대로 되지 않는 일이 더 많다는 사실을 알게 될 것입니다. 그런데 내 뜻대로 되지 않는다고, 100가지 중 1가지가 잘 되지 않았다고 99가지 경우의 수를 다 잃어버린다면, 그건 얼마나 어리석은 일일까요? 한 번에 되지 않는다고 그 앞에 주저앉아 오랫동안 슬퍼하면 나를 둘러싸고 이상하고 부정적인 에너지가 형성됩니다. 하나의 문이 닫히면 새로운 문이 열린다고 했는데, 그 닫힌 문 앞에 계속 주저앉아 있으니 새로 열린 문을 보지 못하는 것이지요.

그 친구에게 제 이야기를 덧붙여 들려주었습니다.

"삶이 어떻게 펼쳐질지 아무도 모릅니다. 저 공고 나왔잖아요. 제가 성악을 공부할 거라고는 생각도 못 했고 제가 강연할 거라고도 전혀 생각 못 했어요. 저는 재수를 했는데도 지방에 있는 전문대에 떨어졌습니다. 떨어진 이유라도 알고 싶어 학교에 전화했더니 '모든 불합격자에 대한 정보는 제공할 수 없습니다'라고 하더군요. 그때 제 머릿속에는 '불.합.격.자.'라는 단어만 크게 들어와 박혔습니다. 저는 살 가치가 없는 인간이라는 생각에 자살 시도를 했습니다. 지금 생각해보면 참 어리석었습니다. 대학, 그게 뭐 대수라고요. 대학 안 나온 사람이 대학을 세울 수도 있는 건데 말이죠. 지금 친구가 가진 열정적인 에너지는 참 보기 좋습니다. 하지만 스스로 괴롭히는 마음을 조금 열어주고, 그 마음에 바람이 시원하게 들고 나면 좋겠습니다."

한 번에 되는 것은 없습니다.
삶은 결코 완성되지 않습니다.
일이 되고 안 되고는 여러 가능성을 안고 흘러갈 것입니다.
내 뜻대로 안 됐다고 너무 슬퍼하지 마십시오.
우리의 뜻은 너무 한정적이어서
세상에는 내 뜻을 벗어난 좋은 일들도 상당히 많습니다.

꿈을 이루기 전까지의 삶은 내 삶이 아닌가요?

저는 지금껏 5천여 번의 강의를 했습니다. 그런데 지금도 저는 강의
가 끝날 때마다 후회합니다. '아까 그 이야기는 하지 말걸, 그걸 왜 그
런 식으로 말했니, 그 표현을 듣고 누군가는 불쾌했을지 몰라.' 5천
번의 강연을 했다는 건 5천 번의 실수를 했다는 의미입니다.

도로를 달리다 보면 '공사 중'이라는 팻말을 자주 봅니다. 삶도 공사
중입니다. 한 번에 되는 것은 없습니다. 5천 번을 해도 안 되더군요.
하지만 분명 그 과정에서 배우는 것이 있습니다. 그 배움을 모른 척
하고 한 번에 안 되는 것에만 집중해 스트레스받는 건 자기 무덤을
파는 일입니다. 어쩌면 우리에게는 뭔가를 이루고 나서 인정받겠다
는 강박이 있는지도 모릅니다. 뭔가를 이루기 전까지는 자기 삶이 없
다고 생각하는지도 모릅니다.

하지만 뭔가를 이루면 끝나던가요? '다음 것도 돼야 하는데, 안 되면
어쩌지.' 또 다른 걱정이 시작됩니다. 안 되면 안 되니까 힘들고, 되면
그걸 빼앗길까 봐 힘듭니다. 여기에 속지 마십시오.

꿈 이전의 꿈, 꿈 너머의 꿈이 있습니다.

삶의 장난에 속고 있다는 생각이 들 때 속으로 말을 걸어봅니다.

"창옥아, 삶을 살아야지. 너 지금 목표 지점에 가려고 굉장히 열심히 사는 것 같지? 너는 지금 뭔가에 속고 있는 걸지도 몰라. 그 지점에 가기 전에는 네 삶이 없는 거니?"

설령 우리가 목표 지점에 도달한다 해도 영원히 그곳에 머무를 수는 없습니다. 그곳에 도착한 사람들이 더 스산한 삶을 살지요. 사람들은 정상으로 올라갈 때가 아니라 정상에서 내려올 때 사고를 당합니다. 체력 안배를 하지 않았기 때문이죠. 올라갈 때 무리 된다 싶으면 마지막 고비를 과감히 포기해야 합니다. 그런데 '여기까지 어떻게 올라왔는데, 여기서 포기해? 정상을 밟아야지' 하고 오르는 겁니다. 정상에 도달했다는 순간의 기쁨을 살짝 맛보고 내려가다 컨트롤하는 힘이 없어 사고를 당합니다.

한 번에 되지 않아도 괜찮습니다. 실패해도, 창피를 당해도, 스스로에게 부끄러워도 괜찮습니다. 그건 고마운 일입니다. 그것을 알고 느낄 수 있어 삶의 더 좋은 지점으로 갈 수 있으니까요.

내 마음의 봄

〰〰〰〰〰〰〰〰〰〰〰〰〰〰

최근 어떤 기사를 보니, 아이의 뇌 기능이 발달하는 데 도움을 주는 엄마의 신체 부위가 있다고 합니다. 엄마의 허벅지가 두꺼울수록 아이에게 영양분을 잘 공급할 수 있다고 해요. 미국 피츠버그대학의 윌리엄 라섹William D. Lassek 교수는 자신의 저서 《왜 여성은 지방이 필요한가 Why Women Need Fat》에서 여성의 허벅지와 엉덩이는 아이의 뇌를 발달시키는 영양분 저장소라고 말하며 하반신 지방이 모유수유를 통해 아이에게 그대로 전달돼 지능 발달에 영향을 미친다고 설명했습니다. 신기하지요? 남성의 경우에도 힘이 좋은 분들을 보면, 엉덩이와 허벅지가 튼튼합니다. 제 주위에 나이가 지긋하신데 일도 많이 하고 기력도 좋고 건강한 분들이 계셔서 그 비결을 물어보니 공통점이 있더군요. 보통 나이가 많이 들면 병치레가 잦잖아요. 저도 강골은 아니거든요. 피로도 잘 느끼고요. 그래서 건강한 분들께 여쭤보니 세 가지 특징이 있었습니다.

첫 번째, 어려서 잘 먹었다.
두 번째, 어려서 운동을 했다.
세 번째, 시골에서 자라 자연스럽게 위의 두 가지를 했다.

어려서 잘 먹고, 운동을 한 사람은 기본적으로 체력이 좋더군요. 저는 둘 다 적용되지 않았습니다. 어려서 운동도 하지 못했고, 어려서 잘 먹지도 못했어요. 제가 갓난아기였을 때 어머니가 편찮으셔서 모유를 먹을 수 없었어요. 분유도 잘 받지 않아 어머니는 젖동냥을 다니셨지요. 통통하게 태어났다가 살이 쪽 빠져서 어릴 적 잔병치레를 많이 했습니다. 그 영향인지 지금의 저는 기본적인 체력이 받쳐주지 못합니다.

대학교 다닐 때 '가정과 결혼'이라는 수업을 들었습니다. 교수님 말씀 중 기억이 나는 게, 쥐는 새끼를 배서 칼슘을 섭취하지 못하면 녹아버린다고 합니다. 사람의 경우 임신했을 때 칼슘 섭취가 적으면 아이에게 필요한 칼슘을 엄마 뼈에서 다 가져간다고 해요. 그 옛날, 아기도 많이 낳고 제때 적절한 영양 공급을 받지 못했던 엄마들은 골다공증에 걸려서 추운 겨울에 넘어지면 뼈가 부러지는 게 아니라 으스러집니다. 잔뼈들이 혈관을 타고 돌아다니다가 장기에 상처를 내기도 해요. 그래서 여성분들은, 특히 출산을 한 분들은 살이 적당히 있는 게 건강에 좋다고 합니다.

또 그 교수님 말씀에 따르면 여성이 초경을 시작하면 아무리 칼슘제를 먹어도 흡수율이 떨어진다고 합니다. 그러니 괜한 다이어트하지 마세요. 특히 10대 때요. 10대 때 잘 못 먹으면 평생 건강에 나쁜 영향을 줍니다. 어릴수록 다이어트하지 마세요. 한 가지 음식만 먹는 기이한 다이어트들요. 조금 통통하더라도 살은 커서 뺀다 생각하고, 10대 때는 무조건 잘 먹어야 합니다. 왜냐하면 나이가 들어서는 아무리 칼슘제를 먹어도 흡수시키지 못하고 소변으로 다 나가버리니까요.

어려서 잘 먹은 사람이 건강합니다.
철학, 예술 등의 지식과 학문도 언제 잘 받는 줄 아세요?
사람 마음이 어릴 때입니다.

어리다는 것은 부드럽다는 의미입니다. 동심을 가진 거지요. 사람 마음이 부드러울 때 무엇이든 잘 흡수합니다. 중고등학생이라고 생각이 없지 않아요. 단지 적절한 언어로 표현하지 못할 뿐이지, 오히려 순수하게 다 듣고 다 알고 다 생각합니다. 마음이 성장하면 칼슘을 섭취할 때처럼 타인의 이야기에 대한 흡수율이 떨어집니다. 마음이 딱딱하게 굳으면 어떤 말도 들리지 않습니다. 그러므로 나이가 들수록 지켜야 하는 것은 동안童顔이 아니라 동심童心입니다.

좋은 음식을 먹어야 몸에 영양분이 되는 것처럼 좋은 이야기를 듣는 것이 우리 마음에 영양분이 됩니다. 강의를 들을 때 고개를 끄덕거리는 분이 있고, 그렇지 않은 분이 있어요. 끄덕끄덕. 그것은 제 말이 그분에게 흡수됐다는 거예요. 자율신경이 무의식적으로 고개를 끄덕이게 만들죠. 언제 고개를 끄덕거리는지 한번 생각해보세요. 나도 저 이야기에 공감하고, 나도 그렇게 되면 좋겠고, 나도 저렇게 생각한다, 아 놀랍다 등. 즉 수용할 때 인간은 고개를 끄덕입니다.

그 끄덕거림이 적어지는 건 우리 마음이 조금씩 굳어가고 있다는 신호입니다. 끄덕거리지 않는 것은 소화가 잘 되지 않았다는 것을 의미해요. 나이가 들어 부드러운 마음을 유지하지 못한 사람은 고개를 끄덕거리는 것이 아니라 갸우뚱갸우뚱 거립니다. 더 이상 감동도, 깨달음도, 동의도 하지 않고, 내 경험으로만 세상을 판단합니다. 사람들은 그런 사람과 이야기할 때 뻑뻑하고 답답하다는 느낌을 받습니다. 더 이상 대화하려 하지 않지요. 그냥 정보를 주고받을 뿐입니다.

우리는 언제 마음이 부드러워질까요?

삼겹살에서 방법을 찾을 수 있습니다. 삼겹살은 언제 부드러워지나요? 부드러운 삼겹살 먹어보신 적 있으시죠? 칼집 삼겹살, 벌집 삼겹살이 무척 부드럽습니다. 숙성 삼겹살도 참 부드러워요. 칼집을 내면 부드럽고 양념이 잘 배고 열이 골고루 퍼집니다. 맛이 배로 좋아지지요.

사람의 마음도 칼집이 났을 때 부드러워집니다. 내 마음이 벌집이 됐을 때 말입니다. 살면서 마음에 칼집이 날 때가 있어요. 먹는 사람 입장에서는 고기를 부드럽게 하는 과정이지만 삼겹살 입장에서 칼집은 난도질이죠. 많이 아프기 마련입니다. 또 어떤 고깃집은 커다랗고 끝이 우둘투둘한 쇠망치로 고기를 내리쳐서 부드럽게 만듭니다. 때로는 내 마음이 망치로 얻어맞고, 칼로 난도질당하고, 숙성하듯 어둠 속에 버려질 때가 있어요. 그런데 사람의 마음은 그렇게 할 때 부드러워집니다.

칼집을 달리 표현하면, 밭갈이가 됩니다. 요즘 혹시 마음이 힘들다면, 봄이 되어 밭을 기경하는 거라고 생각하세요. 기경 起耕. 봄에는 밭을 갈아엎고 씨앗을 뿌리거든요. 요즘 혹시 여러분 속이 속이 아니라면 봄이 오려고 그러는 거예요.

봄, 봄이 오려고 합니다.

시간을 돌아보세요. 당신의 과거를 돌아보세요. 당신 마음에 씨앗이 뿌려진 것이 언제인지, 언제 셀프텔러의 목소리가 들렸는지 살펴보세요. 힘들면 봄이 오려고 하는 것입니다. 진리는 아닙니다. 각자가 믿는 소망입니다. 누군가는 그렇다고 믿고, 누군가는 그냥 힘들다고 생각하면서 힘들어하는 겁니다. 우리 각자의 선택이죠. 우리가 주도적으로 선택하는 것입니다.

요즘 혹시 마음이 난도질당하고 있다거나, 누군가 쇠망치로 자꾸 나를 때린다거나, 어두운 곳에 처박혀 빛을 보지 못해 썩고 있다고 생각한다면, 아마 지금이 기회일지도 모릅니다. 그러니 절대 마음을 놓지 마십시오. 마음을 놓는 순간, 끝나거든요.

가끔 '내가 이걸 알긴 알겠는데, 언제까지 이 고통이 반복되어야 하는 걸까?' 하고 생각될 때가 있습니다. '그래. 좋은 일이 있으려고 내 마음이 갈아엎어지는 거야. 내 마음에 칼집이 생기는 거야. 좋은 일이 오려고 쇠망치로 나를 두드리는 걸 거야. 하지만 이건 알겠는데… 그럼 좋은 일이 올 때마다, 가르침을 얻을 때마다 또 이래야 하나?' 그런 생각이 들기도 합니다. 하지만 걱정하지 마십시오. 우리가 신뢰하든 신뢰하지 않든 신은 우리에게 감당할 수 없는 시련은 주지 않습니다.

감당할 수 없다면 오지 않았을 것입니다.
감당하실 수 있을 것입니다.
우리가 생각하는 것보다 우리는 좀 더 강합니다.
우리가 생각하는 것보다 우리는 좀 더 할 수 있습니다.
봄이 오는 소리라고 생각하고,
이 시기를 잘 이겨내시면 좋겠습니다.

삶의 맹물을 마시세요

하루에 물을 2리터 이상 마시면 건강에 매우 이롭다고 합니다. 그럼 생수가 좋을까요, 정수기 물이 좋을까요, 지하수가 좋을까요? 실험 결과 그 차이는 얼마 나지 않는다고 합니다. 대부분의 사람들은 맛을 구분하지 못할뿐더러, 성분에도 큰 차이가 없다고 합니다. 중요한 것은 어떤 물을 마시냐보다 하루에 2리터 이상의 물을 마시는 것이며, 특히 맹물을 마셔야 한다는 것입니다. 우리는 보통 커피나 탄산음료가 똑같은 액체이기 때문에 그것도 같은 물이라고 생각합니다. 그런데 커피에 들어 있는 카페인은 오히려 몸속 수분을 빼앗아갑니다. 즉 커피를 마신 것은 물을 마신 게 아닌 거지요. 탄산음료도 마찬가지입니다. 사실 살면서 어떻게 맹물만 마시겠습니까? 삶에는 커피 마시는 날도 있고, 탄산음료

마시는 날도 있습니다. 단 커피나 탄산음료를 한 잔 마셨으면, 맹물을 꼭 한 컵 마시세요.

사람의 몸은 70퍼센트 이상이 물로 이루어져 있습니다. 몸에 수분이 부족하면 피가 찐득해져서 혈관을 통한 에너지, 산소 공급이 원활해지지 않는다고 합니다. 그래서 수분이 부족해지면 몸은 그 수분을 세포에서 충당한대요. 세포의 상당 부분 또한 물로 이루어져 있거든요. 그러면 수분이 사라진 세포에 노폐물이 쌓여 온몸이 무기력해지고 쉽게 피로감을 느낀다고 합니다. 괜스레 짜증이 많아지고 머리가 아프고 기분이 나빠지기도 하고요. 몸에 수분이 부족하면 피부만 푸석푸석해지는 줄 알았지, 이렇게 정신적인 문제까지 생기는 줄 몰랐습니다. 혹시 요즘 괜시리 짜증이 나고 머리가 아프다면, 평소 물을 얼마나 마시는지 점검해 보세요.

삶에서도 맹물을 마셔야 합니다.
우리 삶에도 생수 같은 것들이 있습니다.

몸만 적당한 수분을 섭취해야 하는 것은 아닙니다. 삶도 물을 마셔야 합니다. 살면서 당장 도움이 안 되는 이야기를 듣고 책을 읽고 지식을 쌓는 것은 마치 맹물을 마시는 것과 같습니다. 좋은 강연은 지금 듣지 않아도 별 상관이 없습니다. 듣는다고 갑자기 뭔가가 좋아지는 것도 아니고요. 곧바로 효력이 발휘되는 것도 아니지요. 시나 소설, 에세이, 인문, 철학 서적을 읽는다고 하루아침에 삶이 업그레이드되지는 않습니다. 종교도 오늘 믿는다고 내일 갑자기 천국에 가는 게 아니거든요. 그래서 사람들은 맹물을 잘 못 마십니다.

다른 액체, 가령 술이나 커피, 탄산음료는 마시는 즉시 느낌이 딱 오거든요. 그런데 맹물은 맛도 밍밍하지, 마셨다고 몸에 바로 반응이 오는 것도 아니니 쉽게 손이 가지 않지요. 물을 안 마시다 보면, 부족한 수분을 채우기 위해 처음에는 세포에서 끌어 쓰고, 나중에는 방광에 있는 소변을 재활용하기에 이릅니다. 극한 상황에 다다르는 거지요. 이미 폐기된 물을 다시 쓰니 좋을 리 없습니다.

저도 하루에 물을 2리터씩 마시기 시작했습니다. 그런데 쉬운 게 아니더군요. 화장실도 자주 가고, 처음에는 마시는 것 자체가 버거웠습니다. 물이 잘 안 넘어갔습니다. 물을 마셔본 습관이 없어서 어렵더군요. 그래도 의지를 갖고 마셨습니다.

우리 뇌는 배고픔과 목마름의 신호를 혼동한다고 합니다. 목이 마른 건데 배가 고프다고 생각해 음식을 먹습니다. 목마름이 먼저 제대로 해결되는 것이 중요합니다. 우리 삶에서도 목이 마른 건데 엉뚱한 걸로 배를 채울 수 있습니다.

우리 삶에서 생수 같은 것들을 먼저 챙기십시오. 습관이 되어 있지 않으면 처음에는 삶의 맹물을 마시는 게 힘이 듭니다. 특히 어렸을 때부터 생수를 마셔본 적이 없는 사람은요. 집안에 어려운 일이 닥쳤을 때 아버지가 자녀들에게 "얘들아, 인생이 어려울 때는 이렇게 해야 한단다"라고 말하는 집이 있는가 하면, "너희들은 알 것 없어" 하며 차단하는 집이 있습니다. 후자의 아이들은 어린 시절에 받았어야 할 생수를 아버지 어머니로부터 받지 못한 것입니다. 생수 마시는 법을 배우지 못한 것입니다. 생수는 스승에게도 받을 수 있습니다. 하지만 요즘에는 진정한 스승을 찾기 어렵지요. 어른과 스승에 대한 존경이 사라진 시대에 아이들에게 일상적으로 건강한 맹물을 공급해줄 곳을 찾을 수 없습니다.

삶의 맹물을 안 마셔본 사람이 갑자기 마시려고 하면 힘듭니다. 이때 필요한 것은 의지입니다. 약간의 의지. 삶의 양식이 되는 것들이 재미도 있고 의미도 있기란 쉽지 않습니다. 조금은 지루한 강의도 찾아 듣고, 조금은 어려운 책도 읽어보십시오. 좋은 먹거리일수록 맛은 밍밍한 법입니다.

삶의 생수 같은 물을 안 마시면, 삶의 사막화가 찾아옵니다.

사하라사막을 뛰는 오지 레이스가 있습니다. 참가자들이 레이스 도중 갑자기 사망하기도 하는데, 사인은 '탈수'입니다. 그런데 물이 없어서 탈수 현상이 일어나는 것이 아니라고 해요. 레이서들이 분명 물통을 가지고 있는데도 극한의 탈수 증상에 이르러 갑자기 사망하는 거지요.

원인을 보니, 사막이 낮에는 너무너무 덥거든요. 너무 건조하고 더우니까 달리는 도중 땀이 나자마자 그 즉시 말라버린대요. 바로바로 땀이 사라지니까 레이스를 하는 사람은 자기가 땀을 흘린 줄도 모르는 거지요. 흘린 땀만큼 물을 마셔줘야 하는데, 얼마나 땀을 흘린 줄 모르니 필요한 양의 물을 마시지 못한 겁니다. 수분이 부족한지도 모르고 있다가 한 번에 픽 하고 쓰러지는 것입니다.

사람도 너무 힘들고,
너무 위로를 못 받으면
자기가 힘든 줄도 모릅니다.

누군가 위로해줘야 비로소 자신이 힘들다는 걸 알아요. 위로를 안 받아보면 이렇게 생각하죠. '나만 힘드나, 다 이렇게 힘든 거지.' 그리고 주변 사람에게도 이렇게 말합니다. "너만 힘든 거 아냐. 왜 이렇게 유난 떨어?" 땀이 나자마자 말라버리고, 또 땀이 나자마자 말라버려서 결국 탈수 증상으로 쓰러진 레이서처럼, 힘든 줄 모르고 넘어가고, 또 힘든 줄 모르고 넘어가다 보면, 쓰러질지도 모릅니다. 물도 마셔본 사람이 목마른 줄 압니다. 가능하다면, 하루에 물 2리터 마시기를 꼭 추천해드립니다. 목마를 때까지 기다리지 말고 때가 되면, 순간순간 마셔서 갈증을 해소하십시오.

찬찬히 생각해보십시오. 나에게는 어떤 물이 있는가? 그리고 나는 그 물을 어떻게 마시고 있는가? 나는 탄산음료에 찌들었는데, 커피에 찌들었는데…. 그렇게 자책하다가 갑자기 물을 마시지 마십시오. 그러면 욕구불만으로 이상한 현상이 일어납니다. 커피 못 마시는 금단현상으로 예민해지지 마세요. 이렇게 하세요. 커피 한 잔 마시고 물 두 잔 드세요.

그리고 갑자기 너무 좋은 것을 많이 보려 하지 마세요. 기존에 마시던 거 있으면 그거 드시면서 꾸준하게 의지를 발휘해 맹물이지만 시원한 내 삶의 물을 지혜롭게 판단해서 마시면 좋겠습니다.

진정 낫고 싶으신가요?

강연이 끝나면 한두 분, 사연 있는 분이 저를 찾아오십니다. 어느 날 지방 강연이 끝나고 한 분이 강사 대기실로 찾아오셨습니다. 너무 간절한 눈빛에, 얼굴에는 풀 한 포기 꽃 한 송이 없는 분이셨어요. 그리고 그게 굉장히 오래되신 것 같았습니다. 사람이 유머가 있으려면 몸이 건강해야 해요. 강의를 심각하게 하면 아무리 좋은 내용을 얘기해도 다 쿨쿨 주무시니까 저는 항상 재미있는 에피소드를 준비합니다. 그런데 재미는 에피소드 내용만으로 나오는 게 아닙니다. 감정이 건강하지 않으면, 아무리 재밌는 이야기를 해도 웃기지 않고 오히려 어색하고 이상한 분위기가 됩니다. 그래서 저는 항상 건강을 유지하려고 노력합니다. 유머러스한 강연을 위해서요. 유머는 사람이 넉넉하고 건강하지 않으면 나오기 어렵습니다. 결혼 전에는 유머러스했던 배우자와 결혼해서 아이 낳고 키우다 보면 건조한 일상만 공유하며 살게 될 때가 있습니다. 사회생활에 찌들고, 결혼생활에 찌들고, 책임감에 찌들면 마음이 여유롭지 않아서 유머가 나오질 않아요. 쉬운 게 아니거든요. 마찬가지로 그날 찾아온 분의 얼굴에서도 유머를 찾아볼 수 없었습니다. 너무 말라 있는 느낌이었어요. 그분이 어렵게 말을 꺼내셨습니다.

"강사님, 저희 남편이 좀 오랫동안 세상에 안 나와요."

무슨 말씀인지 되물었더니, 남편분이 사회에 적응도 잘 못하고 사람 만나기를 어려워해 병원도 다니고 약도 오래 먹었지만 낫지 않는다는 이야기였습니다. 그래서 남편과 함께 제 강연에 왔는데, 남편이 그렇게 많이 웃는 걸 20년 만에 처음 보셨대요. 그러면서 저에게 남편을 한 번만 만나달라고 부탁하셨습니다. 그래서 "예, 그러면 한번 인사드리겠습니다"했지요.

대기실 밖으로 나가 남편분을 뵀더니, 아내보다 더 얼굴이 말라 있으시더군요. 생기라고는 찾아볼 수 없는 얼굴이었어요. 아내분이 나중에 얘기해주셨는데, 굉장히 오랫동안 고시를 준비하다가 자꾸 떨어져 결국 포기하셨다고 해요. 대한민국의 고시라는 게 사람도 못 만나고 고시원에 처박혀 공부 하나에만 매달려 사는 거잖아요. 사람이 온전한 정신을 유지하기가 쉽지 않습니다. 이분도 준비를 하다가 안 되고, 안 되고, 또 안 되고. 그러다 보니 자신의 웅덩이에 깊이 빠지신 것 같았어요. 아내분이 저에게 어떻게 했으면 좋겠느냐고 물으셨습니다. 그런데 제가 어떻게 할 수 없는 문제잖아요. 전 하나만 물었습니다. 제 강연에 또 오실 수 있으시겠냐고요. 몇 주가 지나 두 분이 나란히 강연장을 찾으셨습니다. 그리고 또 저에게 어떻게 했으면 좋겠느냐고 물으시기에, 이번에는 제가 물어봤어요.

"아버님, 계속 계셨던 그 동굴에서 나오고 싶으십니까?"

"……네."

"그러면 될지도 모르겠습니다. 아버님이 나오고 싶다고 하시니까요."

성경을 보면 예수가 앉은뱅이를 다시 서게 하는 기적을 일으키시기 전에 그 사람에게 물어봅니다. 무엇을 원하느냐고. 왜 자꾸 물어보는 걸까요? 사정이 빤한데 말입니다. 눈이 안 보이는 사람에게 왜 넌 뭘 원하느냐고 물어보는 걸까요? 걷지 못하는 사람에게 왜 넌 뭘 원하느냐고 물어보는 걸까요?

저는 기적은 하늘과 땅이 맞닿아야 이루어지는데, 내 안에서 진짜 무엇을 원하는지를 알고 그것을 얘기하는 것이 땅에서 하늘로 신호를 쏘아 올리는 것과 같다고 생각합니다. 내가 무엇을 원하는지 아는 것이 먼저입니다. 그래서 저도 그분을 도울 수 있는 방법은, 묻는 거라고 생각했습니다.

"선생님은 거기서 나오고 싶으십니까?"

주위에 이런 사람이 꼭 한 명쯤은 있습니다. 상처받았다고 주변 사람에게 계속 이야기하지만 정작 자신은 그 상처의 동굴에서 나오고 싶어 하지 않는 사람 말입니다. 그리고 계속 위로해달라고만 하는 거지요. '나 좀 도와줘', '나는 과거에 이런 상처가 있어', '그러니까 네가 나를 보살펴줘야 해' 이러면서 계속 위로만 받으려고 해요. 그런데 말입니다. 그런 분들은 진정으로 위로를 받아들이지도 않습니다. 위로를 해달라고 하지만 위로를 받으려 하지 않는, 기형적인 현상이죠.

물 없는 웅덩이에 빠진 사람들이 제 강의를 많이 듣습니다. 어쩌면 저에게 위로받고 싶으신 걸지도 몰라요. 저는 이렇게 묻고 싶습니다. 거기서 나오고 싶으신가요? 아니면 계속 주변에서 던져주는 비상용 위문품을 받고 웅덩이 안에서 살고 싶으신가요?

나와야죠. 그리고 물 없는 웅덩이에 빠진 다른 사람을 도와야죠. 그게 괜찮은 삶인 것 같습니다. 언제까지 위로를 받겠습니까? 누군가를 위로하면서 다시 위로받을 수 있습니다. 언제까지 계속 주저앉아 있을 건가요? 저는 그분께 작게나마 이 이야기를 헌정하고 싶습니다.

나오고 싶다고 하신 그 선생님께 말씀드렸습니다.

"선생님께 세 가지를 추천드리고 싶습니다. 제 강연 많이 보지 마시고, 도움이 된다면 하루에 한 편만 보기. 두 번째, 밥맛이 없어도 끼니 거르지 않기. 세 번째, 하루에 한 번 5분, 10분이라도 산책하기."

"할 수 있으시겠습니까?" 여쭈니, 하시겠다고 합니다.

제가 성악을 하면서 알게 된 목소리 좋아지는 방법 하나 알려드리겠습니다. 성악은 배 에너지를 씁니다. 배 에너지를 훈련하는 방법 중 제가 쓰는 것은 코로 숨을 들이마셨다가 "쓰-" 하는 소리를 내며 숨을 내뱉는 겁니다. "쓰-" 배에 힘이 들어가지요. 배 안의 소리와 관련된 근육이 훈련됩니다. 혹시 좋은 목소리를 갖고 싶다면 이 연습을 해보세요. 이 훈련은 목소리뿐만 아니라 배 근육을 키워주기 때문에 매우 좋습니다.

사람에게 가장 중요한 중심 근육이 복부와 허리에 있습니다. 사람이 손을 움직일 때 허리와 배 근육이 먼저 움직인다고 합니다. 눈동자, 손가락, 발가락, 다 마찬가지입니다. 만약 중심 근육을 다치면 꼼짝달싹할 수 없게 되겠지요. 우리 삶에서도 근본이 아프면 삶의 구체적인 행동을 할 수 없게 됩니다.

**우리가 하는 모든 말과 행동은
나의 중심과 연결되어 있습니다.**

우리의 중심 근육은 과거와 내가 어떤 방식으로 관계 맺고 있는지로 이루어져 있습니다. 부모가 서로 어떻게 관계 맺는지를 보고 자라는 것, 그리고 부모가 나에게 어떻게 했는지, 내가 본 책, 내가 들은 말, 내가 만난 사람, 내가 한 경험이 최종적으로 현재의 나를 만듭니다. 내 중심 근육이 되어주는 거지요. 그리고 이 근육은 보이지 않아도 나의 행동, 말투, 인지를 다 결정합니다. 그러니 우리에게 문제가 있다면, 근본을 봐야 합니다.

누구나 살다가 상처를 크게 받고 평생을 누워 지낼 수 있습니다. 삶을 누워 지내는 거지요. 왠지 아세요? 그게 제일 상처 안 받는 길이거든요. 사람들과 살아도 그냥 누워 있습니다. 애를 낳아도, 엄마가 그냥 누워 살아요. 상처받기 싫거든요. 너무 아프거든요. 전에 한 번 아파봤거든요. 그렇게 피하고 외면하면 우리는 하나를 얻고 열 개를 잃게 될 것입니다.

일어서서 나오십시오.

일어서는 데 그렇게 큰 힘이 드는 거 아닙니다. 여러분, 힘 좀 쓰십시오. 자기 자신을 위해 돈도 좀 쓰십시오. 그렇게 많이 필요하지 않습니다. 조금 쓰십시오. 일단 일어나서 힘이 좀 나면 우리 눈에 일어나지 못하고 있는 주변 사람들이 보일 겁니다. 그러면 그 사람에게 꼭 당신의 손을 내밀어주십시오.

고스톱을 잘 치려면

삶이 고스톱이라면, 일단 패를 잘 받아야 합니다. 그리고 기술도 잘 써야 합니다. 홍단, 청단을 먼저 먹을지, 피를 먼저 먹을지 머리를 잘 굴려야 하지요. 그런데 아무리 머리를 굴리고 열심히 쳐도 고스톱의 승패를 결정하는 것은 뒤패입니다. 뒤패가 잘 맞아야 승자가 될 수 있지요.

인생 고스톱도 마찬가지입니다. 내가 아무리 잘 치면 뭐합니까. 뒤패가 안 맞으면 서너 장이 쌓이고, 애먼 놈이 그걸 다 가져가지요.

저는 뒤패를 종교적 언어로 '은혜'라고 말합니다. 삶은 단순히 나 혼자 잘나서 잘 살 수 있는 게 아닙니다. 첫 패와 기술, 그리고 뒤패가 조화를 이루어야 합니다. 그래서 인간은 아무리 자기가 똑똑하고 잘나도 겸허해야 합니다. 나 혼자 잘해서 잘되는 일은 없습니다.

뒤패를 잊지 마세요. 그럴수록 감사의 마음도, 내 주변을 챙기는 마음도 마르지 않을 것입니다.

열등감의 가죽을 벗겨내기 위해

제 어린 시절은 참 촌스러웠습니다. 시골에서 자란 분은 많지만 저처럼 뱀 잡다 용돈 벌이 한 분은 별로 없을 거예요. 부모님이 용돈을 안 주시니 뱀을 잡다 약 달이는 곳에 팔았지요. 뱀을 어떻게 잡느냐고요? 뱀 입에 사람의 침이 들어가면 뱀이 힘을 못 써요. 그래서 뱀을 발견하면 나무 막대기로 때려 힘을 빼놓죠. 힘이 빠졌을 때 나무 막대기로 입을 벌려 그 위에 침을 뱉는 거예요. 그렇게 힘이 쪽 빠진 뱀을 소주 됫병에 넣어 파는 겁니다.

20대 중반에 서울로 올라온 후로는 뱀을 볼 일이 없어졌습니다. 그러다 하루는 종로3가에서 뱀장수를 보게 됐습니다. 뱀장수 아저씨가 빨간 양파 자루에 독사와 구렁이를 넣고 사람들을 끌어모으고 있더군요. "애들은 가라, 애들은 가" 하며 조심스럽게 독사를 꺼냈습니다. 독사를 꺼내 목을 누르니 송곳니 두 개가 드러납니다. 핀셋을 이빨에 대자 독이 묻어 나왔고요. 이 아저씨가 그걸 들이밀면서 "먹어볼 사람, 먹어볼 사람" 합니다. 사람들은 다 뒷걸음쳤지요. 아저씨는 "그럼 내가 먹어봐~" 하며 날름 먹는 거예요. 정말 독이었는지는 모르지만, 그걸 쇼처럼 보여주고 있었습니다. 그리고 면도날로 뱀의 목에 살살 흠집을 내더니 쫙 하고 껍질을 벗겨냈습니다. 뱀의 배를 갈라 그 안에서 작고 노란 덩어리 몇 개를 꺼냈습니다. 그걸 깨니 노란 즙이 흘러나오고 아저씨는 또 "먹어볼 사람, 먹어볼 사람" 이러고는 날름 먹었습니다. 이어 말하길 "뱀을 먹을 때 이 뱀의 몸을 먹는 게 아니에요. 뱀의 몸은 칼슘이야. 멸치 먹는 거랑 똑같아. 뱀을 먹을 때는 요 안에 있는 이 보약을 먹어야 돼. 이 보약이 하나 생기려면 뱀이 지네를 열두 마리, 개구리를 일곱 마리 먹어야 하나가 생겨. 내가 길거리에서 장사한다고 우습게 보지? 내가 하루에 이걸 여섯 개 먹으니까 와이프가 나한테 만날 웃어줘" 합니다. 그러니까 아저씨들이 지갑을 꺼내 너도나도 그걸 사는 겁니다. 돈 거두는 소쿠리에 만 원짜리가 금세 그득 찼어요. 그 노란 덩어리의 정체가 뭔지, 정말 효과가 있는 건지는 모르겠지만 뱀 껍질 벗기던 그 모습은 지금도 생생히 기억납니다.

사람들은 보통 뱀과 악어를 무서워합니다. 그런데 뱀 가죽, 악어 가죽으로 만든 가방이나 벨트의 값어치는 높게 쳐주며 좋아하지요. 뱀과 악어는 무서워하지만 그들의 가죽을 벗겨내면 더 이상 무서워하지 않고 오히려 환영합니다.

사람에게도 자기 피부처럼 붙어 있는 것이 있습니다.
내 피부처럼 붙어 있는 열등감, 상처, 우울함…

열등감이나 상처, 우울함이 내 피부같이 나에게 완전히 붙어 있다는 느낌을 받을 때가 있어요. 사소한 열등감에 불과했는데 어느 날 보니 나랑 딱 붙어 있는 거예요. 아예 나예요, 나. 누구는 외모 콤플렉스, 누구는 학력 콤플렉스, 누구는 부모가 이혼한 것에 대한 콤플렉스 등등 나에게 붙어 있는 콤플렉스가 너무 수치스럽습니다. 이걸 벗겨내고 싶은데 내 몸에 딱 달라붙어 뗄 수가 없는 거예요.

때로는 벗겨버리고 싶은 과거가 있습니다. 과거의 특정한 기간을 딱 잘라서 없애버리고 싶기도 합니다. 사람마다 그런 사건과 시기가 있습니다. 저는 아버지가 그렇습니다. 저희 아버지는 지금 여든이 넘으셨는데도 여전히 사고를 치십니다. 하루는 강연 바로 직전에 고향 집에서 전화가 왔습니다. 저는 저희 집 식구 번호가 뜨면 반갑지 않고 불안합니다. '이번엔 또 뭐야.' 이런 생각이 먼저 듭니다.

큰누나였는데, 아버지가 술을 너무 많이 드시고 자꾸 행패를 부리시니까 알코올중독 요양원 같은 기관에 보내야겠다는 거예요. 저는 이제 한 시간 뒤면 강연을 해야 하는데, 사람들은 재밌고 유익한 강연을 듣겠다고 멀리서부터 찾아왔는데, 하필이면 이런 소식을 강연 직전에 들은 거죠. '우리 아버지는 왜 그렇게 사시는 걸까?' 그러면서 이런 생각이 들었습니다. '우리 아버지의 가죽은 언제 벗겨질까? 아버지가 돌아가시

기 전까지 안 벗겨지려나? 왜 갈수록 더 심해지나?'

그런데 아버지하고 저는 하나죠. 저희가 어떻게 떨어질 수 있겠습니까? 제 눈매가 바로 아버지 눈매인데, 아버지하고 저를 어떻게 떼어내겠어요. 제가 찍힌 사진에서 저는 아버지를 봅니다. 제가 하는 행동에서 아버지를 보죠. 우리는 아버지처럼 살기 싫다고 말하지만 어느 날 아버지와 똑같은 행동을 하는 나를 보게 됩니다. 우리 아버지가 지긋지긋한데 내 남편이 아버지하고 똑같습니다.

부모의 역사는 마치 내 가죽처럼 몸에 딱 붙어 있습니다.

피부처럼 내 삶에 붙어 있는 모든 상처와 열등감…. 이게 붙어 있을 때 사람들은 우리를 무서워하기 시작합니다. 가죽이 붙어 살아 있는 뱀에는 사람들이 가까이 가려 하지 않습니다. 동물원 조련사나 뱀장수 말고는 가까이 가지 않습니다. 아주 소수의 특수한 사람만이 그 사람과 가까이 살려고 하지, 보통의 사람은 뱀처럼 멀리합니다. 무서워하고 놀랍니다.

어느 날 사람들이 당신 곁에 가까이 오려 하지 않는다는 걸 느낄 때가 있습니다. 사람들이 나를 무서워해요. 그런데 나는 억울합니다. 나는 아무것도 안 했거든요. 뱀이 뭘 해서 사람들이 무서워하나요? 그냥 나타나면 무서워하는 거죠. 뱀이 돌아다니며 사람을 공격하진 않습니다. 그저 자기 갈 길 가고 있는 거예요. 아니면 똬리를 틀고 쉬고 있는 거예요. 그런데 사람들이 "으아 뱀이다!" 하면서 놀라요. 그래서 뱀도 놀라서 순간 자기를 방어하려고 꽉 물어버리는 거예요.

삶도 그러합니다. 나는 내 길을 가고 있는데, 똬리 틀고 쉬고 있는데, 사람들이, 가족들이, 친구들이 나를 무서워하거나 기피하거나 나를 보며 놀랍니다. 그러면 나도 놀라는 그 사람들을 보고 기분 나쁘고 자존심 상하는 거예요.

나도 나를 방어하려고 상대방을 꽉 물어버리는 거지요.

남편을 물어버리고, 자식도 물어버리고, 부모도 물어버리는 거예요. 내가 살아야 하니까.

열등감과 상처, 타인에게 보여주고 싶지 않은
여러 가지 과거의 일들이 내 피부처럼 붙어 있어서
사람들과 점점 멀어집니다.
상처 주고 싶지 않아서, 상처받고 싶지 않아서
사람들로부터 멀어져서 살게 됩니다.

웬만하면 안 마주치고, 웬만하면 정서적 공감을 형성하려 하지 않습니다. 광장으로 나오지 않습니다. 자기를 보여주고 싶지 않으니까요. 저들이 나를 보고 놀라고, 저들이 놀라는 모습에 나도 당황하고 기분이 상하는 게 이젠 싫거든요.

나는 나를 지키려고 문 것뿐인데, 그쪽에서는 뱀이 자기를 무니까 입에다 침을 뱉기 시작합니다. 그렇게 하면 뱀이 힘을 못 쓴다는 걸 사람들이 정설로든 가설로든 알고 있거든요. 그렇게 내가 힘을 못 쓰는 약한 지점들을 공격하기 시작합니다. 뱀은 또 억울한 거죠. 세상을 향해서 "내가 뭘 그렇게 잘못했냐? 내가 뭘 그렇게 대단한 잘못을 했기에 이놈의 세상은, 이놈의 사람들은 자꾸 나를 이런 식으로 공격하냐? 나도 가만있지 않을 거야. 나도 앉아서 당하고만 있지 않을 거야."

쉽지는 않겠지만 희망적인 메시지가 있습니다.
우리에게 붙어 있는 그 가죽을 벗겨내 제품을 만든다면,
최상의 상품을 만들 수 있습니다.

사람들이 뱀을 좋아하지는 않지만 뱀 가죽의 가치는 높이 사는 것처럼요. 당신에게도 피부처럼 붙어 있는 무엇이 있을 겁니다. 살다 보면 생기거든요. 세상과 삶에 완전히 등지고 구석에서 살다가 가끔 밖으로 나와 사람들을 공격할 것인지, 아니면 우리에게 완전히 붙어 있다고 생각하는 이 가죽을 벗겨 최상의 상품으로 만들어낼 것인지는 우리 선택에 달려 있습니다. 다만 〈베니스의 상인〉에 나오는 대사처럼 "몸에서 살을 베어내면서 피를 흘리지 않을 순 없습니다." 내 피부를 벗겨내는 데 그것이 아프지 않을 수는 없을 겁니다.

열등감의 가죽을 벗겨낼 때 중요한 것은 처음부터 심하게 긁어내면 안 된다는 것입니다. 그러면 벗겨지지 않습니다. 가죽은 아주 얇은 날로 살살 흠집을 내서 벗겨야 합니다. 자기 피부에 붙어 있는 것을 단칼에 벗겨내려고 하면 고통만 심하고 가죽은 다 상합니다. 뱀장수가 뱀 가죽을 벗길 때 예리한 면도날로 살살 긁어냈듯이 그렇게 시작해야 합니다. 아주 사소해 보이는 작업부터 해야 합니다. 열등감과 상처의 가죽은 한 번에 벗겨지지 않습니다.

그리고 어떤 방식을 쓰든 자기 안에 있는 것을 꺼내야 합니다. 내 안에 숨겨진 치부를 드러내야 합니다. 그것이 부모에 대한 것이든, 과거에 대한 것이든, 환경이나 재능에 대한 것이든. 꺼내는 방식은 다양한데, 자기가 편한 것을 택하면 됩니다.

말하는 것이 편한 사람은 말하는 것으로 꺼내고, 글이 편한 사람은 글로 써서 꺼내면 됩니다. 그림이 편하면 그림도 좋습니다. 그 작업을 거치면 내 마음이 형체화되면서 그걸 객관적으로 볼 수 있게 됩니다. 내 문제를 객관화하는 작업이지요. 모든 종교에서 하는 보편적 훈련입니다.

나의 치부와 열등감이 내 안에만 머물면 자꾸 주관적인 문제가 됩니다. 오래될수록 이상한 형체로 변형되기 시작합니다. 영화 〈괴물〉에 나오듯이 강물에 이상한 걸 버리고 방치하니 거대하고 흉측한 괴물이 탄생합니다. 우리 마음 안에서도 나도 모르는 사이에 그렇게 에일리언이 자라날 수 있습니다. 겉보기에는 얌전하고 문제가 없는데 어느 날 에일리언이 확 튀어나오는 거죠. 엄마가 갑자기 화를 버럭 냅니다. 사무실에서 누군가 히스테리를 부립니다. 그러면 주변 사람들은 당황스러운 거죠. 갑자기 폭발한 엄마를 보고 남편과 아이들이 "왜 갑자기 화를 내고 그래?" 하고 묻습니다. 그러면 엄마는 그 '갑자기'라는 말에 더 화가 납니다. 자기에게는 '갑자기'가 아니니까요.

기도하는 마음으로 내 가죽을 드러내 보이십시오. 말로, 글로, 그림으로, 기도로… 무엇이든 좋습니다. 가장 편한 것으로 풀어내세요. 기도할 때 우리는 무릎을 꿇습니다. 여러분, 무릎 관절 한번 꺾어보십시오. 관절을 꺾을 때 사람의 몸에서 느껴지는 감정이 있습니다. 절을 할 때 내 모든 관절을 꺾으면서 나 자신의 한계와 모순을 인정하는 것입니다. 그러고는 절대적인 믿음의 대상에게 겸손히 의뢰하고 의탁하는 것입니다.

덧붙여, 가장 자기다운 말투로 이야기하십시오. 화장하고 변장하면 자기 마음을 제대로 형체화시킬 수 없습니다. 그저 담담히 원래 자신의 말투대로 이야기하세요. 누구에게 보여줄 필요도 없는 겁니다.

시기가 되면 하십시오. 억지로 하지 마십시오.

마음에 뭔가 차올라오면 하십시오. 억지로 하지 마십시오. 우리 안에 붙어 있다고 생각한 그것들을 언젠가 시기가 됐을 때 벗겨내 허물인 채로 놔두지 말고 좋은 상품으로 만들어내길 바랍니다. 자신의 열등감, 우울함, 상처를 아주 좋은 예술 작품으로 만들어낼 수 있고, 그것으로 사람들에게 감동과 기쁨도 줄 수 있습니다.

삶은 환경에 대한 자기의 자세와 태도라고 했습니다.
그러니까 환경 때문에 우리가 끝장나지는 않을 겁니다.

환경에 대한 우리의 자세와 태도가

곱하기가 되고 나누기가 되고

더하기가 되고 빼기가 돼서

삶의 결과물로 나타날 것입니다.

삶의 새로운 언어를 배워라

대한민국 사교육 중 가장 많은 돈을 지불하는 분야가 영어입니다. 강연 중에 영어 학원을 다녔거나 학습지를 했거나 영어 공부 시디를 구입했거나 외국인과 전화통화학습을 했거나 해외 연수를 갔던 사람, 손 들어보라고 하면 거의 대부분의 사람이 손을 듭니다. 반면, 지금이라도 외국인을 만나면 어렵지 않게 영어로 대화할 수 있는 분, 손 들어보라고 하면 백여 명 중 한둘만 손을 듭니다. 외국에서 살다 온 사람이 아닌 이상 대부분 편하게 영어를 쓰지 못합니다. 우리는 자기 부모에게 배운 언어를 벗어나 새로운 언어를 구사하기 위해 어마어마한 돈을 쓰지만 제대로 그 언어를 습득하는 사람은 백에 한둘도 안 됩니다.

우리에겐 모국어가 있습니다.

모국어母國語. 한 글자씩 풀면 '엄마 나라의 말'이 됩니다. 내 부모가 썼던 언어가 모국어가 된다는 거지요. 여기서 의미하는 '말'은 단지 음성 기호만 해당하는 것이 아닙니다. 인간 언어 중 가장 강력한 언어는 행동입니다. 그렇게 볼 때 부모의 행동과 살아가는 방식 모두가 우리의 모국어가 됩니다.

모국어가 된다는 건 가장 자연스러운 자기 말이 된다는 것입니다. 지방에서 서울로 올라온 사람이 서울말 쓰려고 할 때 있잖아요. 이 사람들에게는 사투리가 자신의 모국어입니다. 평상시 이성으로 통제할 수 있을 때는 표준어를 쓰는 데 별 무리가 없습니다. 사투리 쓰던 사람 같지 않게 너무 자연스럽죠. 그런데 곤란한 상황이나 위기의 순간, 화가 날 때가 되면 가장 자연스러운 자기의 언어가 툭 튀어나옵니다. "오메메", "옴마야", "아이고, 엄니!" 이렇게요.

> 부모가 살았던 삶의 모습,
> 그 자체가 우리 삶의 모국어가 됩니다.
> 모국어는 절대 속일 수 없는 자신의 핏줄입니다.

사람은 보고 들은 대로 하려는 성향이 있습니다. 컴퓨터에 즐겨찾기 되어 있는 웹사이트, 그것도 우리 삶에 영향을 미칩니다. 즐겨찾기에 온통 온라인 쇼핑몰뿐이라면 당신의 미래는 쇼핑몰 사장이 되거나 아니면 과소비로 삶을 망치거나 둘 중 하나입니다. 극단적인 표현이지만요.

우리 삶에는 어려서 부모에게서 보고 들었던 말과 행동방식이 즐겨 찾기 되어 있습니다. 아빠 같은 사람이 너무 싫습니다. 아빠 같은 사람 하고는 절대 결혼하고 싶지 않습니다. 엄마도 네 애비 같은 남자 만나면 다리몽둥이를 분질러버린다고 늘 입이 닳도록 말합니다. 그런데 어느 날 보니 남편이 섬뜩하게 아버지를 닮아 있습니다. 아들은 자라면서 자기 아빠가 사는 방식이 너무 싫었습니다. 엄마한테 너무 못하거든요. 그래서 나는 아버지처럼은 살지 않겠다고 결심합니다. 그런데 어느 날 보니 본인이 아버지처럼 행동하고 있습니다. 아버지를 닮은 자기 자신이 더 미워지기 시작합니다. 이런 현상이 너무 많습니다.

> 자기 부모로부터 받은 언어를 바꾸는 일은
> 쉽지 않습니다.
> 그건 아무나 하는 게 아닙니다.

오랜 시간 강의 끝에 깨달은 것입니다. 저는 항상 그것을 바꿔주려고 애썼습니다. 그러나 그건 제 힘으로 바꿀 수 없다는 걸 알았습니다. 영어를 공부했지만 영어를 자신의 일상 언어로 쓰지 못하는 수많은 사람처럼 부모로부터 받은 삶의 언어를 버리고 새로운 삶의 언어를 터득한다는 것은 정말 쉽지 않은 일입니다.

부모로부터 받은 삶의 언어를 바꾸고 싶습니까? 그렇다면 각오가 필요합니다. 작은 소망에서 시작해도 좋습니다. 다만 변화하고 싶다는 자각과 대가를 지불할 용기가 있어야 합니다.

언어를 잘하는 사람에게 어떻게 하면 잘할 수 있는지 물어보면 명쾌하게 답변합니다. "그 나라에서 살아보는 것, 또는 그 나라 사람과 결혼하거나 연애하는 것"이라고요. 그런데 제가 뉴욕에 갔을 때 당황스러운 광경을 봤습니다. 뉴욕에 사는 우리 교민들 중 영어를 못하는 분이 엄청나게 많다는 겁니다. 영어 한마디 하지 않고도 뉴욕에서 살 수는 있습니다. 어떻게요?

뭔가 바꾸고 싶어 할 때 사람들은
가장 먼저 환경을 바꾸려 합니다.

여자들은 기분이 안 좋으면 머리를 자르려고 합니다. 머리를 자르면 꼭 내 기분이 나아질 것만 같습니다. 머리를 자르거나 가구 배치를 바꾸거나 그 사람과 헤어지거나 직장을 그만두면, 내 삶이 뭔가 나아질 것 같습니다. 이 환경에서는 아니라고 생각하는 거예요. 물론 환경을 바꾸는 것이 도움이 되기도 합니다. 그런데 문제는 환경을 바꿨는데 여전히 새로운 언어를 못 배우는 현상입니다.

언어를 배우겠다고 외국에 나갔는데 전혀 늘지가 않습니다. 미국까지 갔는데 왜 새로운 언어를 못 배울까요? 가서 한국 사람하고만 만난 겁니다. 한국 사람하고만 비즈니스 하고 한국 사람하고만 교류하는 거예요. 미국에 가면 한국에 있을 때보다 영어에 대한 두려움이 더 커지거든요. 외국 사람을 보면 말이 안 나와요. 일단 쫄아요. 저도 뉴욕에서 택시를 탔는데 "43 avenue, please" 이 간단한 말만 하면 되는데 지도를 펼쳐 보이고 "맵, 맵, 히어, 히어" 이러니까 영어 할 일이 없어지는 거예요. 용기가 있어야 하는데 오히려 미국에 가서 용기를 잃어버렸어요. 환경을 바꾸고 나서 더 겁먹고 더 용기를 잃어버리는 거예요. 그러고는 거기서 한인들끼리만 사는 거죠. 결국 고립된 섬에 살게 됩니다. 영어 쓰는 거대한 땅에서 한국말 쓰는 섬에 살게 돼요. 한국보다 더 작은 그 섬에서 외롭고 고독하게 살아갑니다.

새로운 언어를 배우려면 우리가 여기를 떠나야 한다고 생각하지만, 외국 연수 안 가고도 한국에서 배워 잘하는 사람도 많습니다. 꼭 환경을 바꾸는 것만이 답이 아니라는 겁니다. 부모로부터 받은 삶의 언어를 바꾸고 싶다고 부모를 바꿀 수는 없잖아요.

마치 유전된 것과 같은 이 삶의 언어, 그렇다면 어떻게 바꿀 수 있을까요? 우리 삶에서 부모로부터 받은 유산을 바꾸고 싶다면, '엄마처럼은', '아버지처럼'은 살고 싶지 않다면, 내 세대에서 좀 더 업그레이드해야겠다면 우리에게 필요한 것은 인식과 인정, 그리고 수정입니다.

삶은 3단계로 변화합니다.
먼저 우리는 '인식'해야 합니다.

"저희 엄마는 입에 욕을 달고 사셨어요. 그래서 어렸을 때부터 전 욕을 하지 않겠다고 다짐했고 실제로 50평생을 그렇게 살아왔습니다. 그런데 욕을 하진 않지만 문득 제가 엄마의 말투, 퉁명스럽고 공격적인 성향을 닮아간다는 생각이 들었습니다."

강연장을 찾은 한 여성분이 말씀하셨습니다. 그분은 엄마가 욕하는 모습을 보며 살아왔습니다. 술 마시고 행패 부리는 아버지, 무능력한 아버지, 가족은 나 몰라라 했던 어머니, 참고 희생만 했던 어머니… 집안마다 사정은 제각각입니다. 저는 아버지가 노름하는 모습을 봐왔고 어머니가 늘 살기 싫다고 말씀하시는 모습을 봐왔습니다. 그다지 좋은 모국어를 접했다고는 할 수 없죠. 하지만 앞서 말씀하신 여성분도 저도 부모로부터 객관화되어 있기 때문에 문제를 볼 수 있었습니다. 이것이 '인식'이지요. 인식하지 못했다면 부모님이 했던 그대로 생각 없이 따라갔을 겁니다.

두 번째는 '인정'입니다.

오프라 윈프리가 이런 이야기를 했습니다. "오늘의 나를 있게 한 것은 두 가지이다. 첫째는 나의 두 번째 아버지가 어릴 적부터 가르쳐주신 '독서', 그리고 두 번째는 '진실'이다. 진실은 사실과 다르다. 사실은 일어난 사건이고 진실은 일어난 사건을 인정하는 힘이다." 우리가 새 삶의 언어를 익히고 싶다면 말이 거칠었던 엄마를 인정하고, 노름하던 우리 아버지를 인정해야 합니다. 인정이 안 되면 다음 단계인 수정으로 넘어갈 수 없습니다. 수정이 돼야 문제를 해결할 수 있습니다.

그리고 '수정'하십시오.

수정은 나의 마음과 태도에 달려 있습니다. 자세와 태도가 바뀌면 거의 100퍼센트 환경도 바뀌기 시작합니다. 거울이나 빛 앞에 서보십시오. 빛이 있어야 먼지가 날아다닌다는 것을 인식할 수 있습니다. 깨끗한 거울 앞에 서야 '아, 내가 이렇구나' 하고 인식할 수 있습니다. 그리고 인정하십시오. '어, 그래, 내가 이런 모습이구나', '우리 부모님이 이렇구나' 여기까지만 오시면 됩니다. 인식과 인정에는 마음의 힘이 필요합니다.

우리에게 일어난 사건과 사고들 안에는 수많은 사실이 존재합니다. 인정하기 쉽지 않겠지만 인정할 수 있는 힘이 당신 안에 있습니다. 바뀐 환경으로 들어가는 것이 아니라 자신이 주도적으로 환경을 바꾸어나갈 수 있습니다. 내가 환경을 바꾸고 내가 주변을 변화시킬 수 있습니다. 변화를 일으킨 사람은 자기 안에 자력적인 에너지를 일으킵니다. 그 에너지에 이끌려 사람들도 변화하기 시작합니다. 변화의 에너지를 가진 엄마를 만난 딸은 변화합니다. 그런 딸을 만난 엄마도 변화합니다. 굳이 어디 가지 않아도 새로운 언어를 배울 수 있습니다.

부모로부터 받은 언어를 바꾸고자 한다면 인식하고 인정하고 수정하십시오. 당신이 당신 세대의 변화의 주체가 되십시오.

바꾸고 싶다면 용기를 내십시오

서른한 살에 운전면허를 땄습니다. 그전에 사람들이 면허를 왜 안 따
느냐고 물어보면 제 대답은 항상 간단했어요.
"운전할 일이 없어. 그리고 나 차 살 돈 없어."
이게 바로 새로운 언어를 배우지 않는 사람의 똑같은 변명입니다.
"나 그 언어 쓸 일 없어."

그런데 놀랍게도 파티 드레스를 준비하면 파티 갈 일이 생깁니다. 영
어를 배우면 영어 쓸 일이 생깁니다. 외국어를 이야기하는 것이 아닙
니다. 삶의 새로운 언어를 배우면 새로운 삶을 마주하고 새로운 언어
를 쓸 일이 반드시 생깁니다.
내 삶을 바꾸고 싶고 내 삶의 새로운 언어를 쓰고 싶은데 '나는 안
돼'라고 지레 포기하는 분이 계시다면, 내가 새로운 삶을 배우기 위
해 얼마만큼의 대가를 지불했는지 돌아보십시오. 그 언어를 배우기
위해 어디론가 떠나 집중해본 적이 있는가? 그 언어를 쓰는 사람은
만나봤는가? 스스로 언어를 얼마나 연습했는가? 돌아보십시오. 만약
그런 경험이 없다면 아직 실망하고 포기할 자격이 없습니다.

실망은 아무나 하는 게 아니죠.

실망은 죽기 살기로 해본 떳떳한 사람만이

그 끝에서 하는 것입니다.

그리고 실망할 자격이 없다는 건, 아이러니하게도

아직 우리에게 희망이 남아 있다는 증거입니다.

아직 나는 그렇게 해본 적이 없기 때문입니다.

용기가 생긴다면 새로운 삶의 언어를 위해 주사위를 던지십시오. 늘 그렇듯 열 명이 배우면 그중 아홉은 새로운 언어를 익히지 못하고 자기 삶으로 돌아옵니다. 헬스클럽 1년 치 끊어놓고 한두 달 다닌 거랑 똑같은 겁니다. 새로운 세상은 용기 있는 자, 끝까지 욕심내는 자, 고집 있는 자, 자기 삶을 사랑하는 자만이 얻을 수 있습니다. 사랑도 용기도 고집도 그 아무것도 없다면 부모로부터 받은 그 언어로 나도 살게 되고 내 자녀도 본 그대로 살게 되어 있습니다. 바꾸고 싶다면 용기를 내십시오.

아직도 공갈 젖꼭지를 물고 있는 당신에게

조카들 중에 유난히 마음이 가는 아이가 있습니다. 제게도 그런 조카가 있습니다. 제 막내 누나 아들 홍예찬. 어렸을 때부터 제가 책이나 장난감을 사준다고 하면 예찬이는 "삼촌, 장가도 가야 하고… 돈도 모아야 하잖아요"라고 말하며 선뜻 고르질 않았습니다. 애가 너무 어른스럽지요. 전 그게 마음이 아팠습니다. 왜냐하면 누나가 만날 '돈, 돈, 돈, 돈!' 하는 스타일이거든요. 돈에 예민한 엄마를 보고 자란 예찬이는 뭐 사준다는 삼촌을 되레 돈 없지 않느냐며 걱정해주었던 거지요.

조카가 보고 싶을 땐 전화를 걸어 장난을 많이 쳤습니다. 이상한 목소리로 "예찬아~ 나 누구게?" 하면 예찬이는 "막둥이 삼촌이요" 해요. 근데 애가 초등학교 5학년이 됐을 때 달라지더라고요. 여느 날처럼 전화

91

를 해서 장난을 걸었더니 "삼촌, 장난하지 마세요. 저 이제 애 아니에요" 하는 겁니다.

하루는 예찬이랑 동현이라는 조카를 데리고 가방을 사주러 대형 쇼핑센터에 갔습니다. 가는 길에 차 뒷좌석에서 동현이가 갑자기 "작은아빠, 작은아빠는 꿈이 뭐였어요?" 하는 겁니다. 자기는 개그맨이 되고 싶다면서요. 형수님은 아이가 개그맨을 하고 싶다니까 걱정이 되는지 저한테 어쩌면 좋을지 물으시더군요. 그래서 전, 일단 개그맨이 될지 안될지가 중요한 게 아니다, 아이가 뭔가 하고 싶은 게 있다는 것이 중요하다, 라고 말해주었습니다. 어쩌다 보니 제가 두 조카에게 어른의 역할을 하는 사람이 되어 있더군요.

진짜 어른을, 본 적 있습니까?

집안에 '어른'이 있는 집이 있습니다. 아이들 교육의 최고봉은 학문이 아니라 태어나서 한 번이라도 어른을 봤느냐에 있습니다. 어른하고 살아봤느냐, 어른이 하는 말이나 행동을 봤느냐가 중요합니다. 가까운 사람의 '앞모습'만으로는 교육할 수 없습니다. 앞모습은 겉으로 보이는 모습, 다시 말하면, 말로 보여주는 것입니다. 저 같은 강사는 무조건 말을 잘해야 합니다. 말로만 보여드려야 하니까요. 제가 사는 모습을 다 보여드릴 수는 없잖아요. 무대에서 하는 말로 사람들에게 제 자신과 제가 전하고 싶은 메시지를 보여줘야 합니다.

가족은 '뒷모습'을 보는 사람들입니다. 한집에 사니 말과 행동이 여실히 보이지요. 아이들에게 교육이 되는 것은 앞모습이 아니라 이런 뒷모습입니다. 앞모습과 뒷모습이 모순되는 사람은 아이들 입장에선 받아들이기 버겁습니다. 그럴싸한 앞모습만 보여준다고 해서 교육이 되는 것은 아닙니다. 가까운 사람일수록 제대로 된 뒷모습으로 교육해야 합니다. 그리고 최고의 뒷모습은 바로 '어른의 뒷모습'입니다.

아이들은 어른의 뒷모습을 보고 자라야 합니다.

어른에 대해 소개하고 싶습니다. 어른과 아이를 구분 짓는 가장 큰 특징은 나이가 아닙니다. 나이 먹었다고 다 어른이 되는 건 아닙니다. 문제는 아이가 아이일 때 생기지 않습니다. 어른이 어른이어도 생기지 않죠. 문제는 아이가 어른일 때, 그리고 어른이 아이일 때 생깁니다.

애어른이라는 말이 있습니다. 제 조카 예찬이가 그렇지요. 한번은 제가 결혼할 사람을 소개하려고 누나 집에 데려간 적이 있습니다. 제가 강연을 많이 다니니까 안정적이고 편안한 차를 주로 타는데, 당시 큰 세단을 몰았습니다. 예찬이가 저랑 결혼할 사람에게 이러는 겁니다. "우리 삼촌 왜 좋아하는 거예요? 삼촌이 큰 차 타니까 좋아하는 건 아니죠?" 어린애가 보통이 아니지요. 처음 보는 어른에게 그런 말을 한다는 것 자체가요.

어린애는 좀 애다운 게 좋습니다. 아이가 어쩔 수 없이 먼저 어른이 되는 경우가 있습니다. 대개 집안 사정이 안 좋고, 집안에 어른이 없는 경우 아이가 먼저 어른이 돼버립니다. 먼저 철이 나버리는 겁니다. 엄마

93

아빠가 돈을 못 버니까 자기가 돈을 벌어야겠다고 먼저 어른이 돼버리는 경우도 있습니다. 안타까운 일이죠. 애는 애답게 놀아야 합니다.

더 큰 문제는 어른이 애 같을 때입니다. 나이는 먹었는데 정작 마음은 아이인 경우 말입니다. 아이를 낳아보니, 키우는 게 상당히 어렵습니다. 정말 고된 노동이죠. 저에게 가장 힘들었던 건 아이의 잠투정이었습니다. 좀처럼 잠들지 못하고 징징댈 땐 달래기가 쉽지 않습니다. "그냥 눈 감고 자!"라고 할 수 없거든요. 안아서 둥개둥개를 해도 통하지 않습니다.

잠투정하는 아이를 가장 빠른 시간에 효과적으로 잠잠하게 할 수 있는 게 바로 공갈 젖꼭지입니다. 공갈 젖꼭지, 아시죠? 아이 입에다 물려주는 가짜 젖꼭지입니다. 그걸 아이에게 물려주면 빨리 잠들곤 합니다. 구강기 아이들에게 빨고자 하는 욕구를 채워주면 어느 정도 안정을 취합니다. 다만 공갈 젖꼭지를 너무 오래 쓰면 입에 염증이 생기고 치아가 고르게 나지 않을 수 있습니다. 구강기가 지났는데도 공갈 젖꼭지를 떼지 않으면 치아와 턱에 문제가 생길 수 있지요. 오래 쓰면 이렇게 부작용이 생깁니다. 그래서 공갈 젖꼭지를 제때 떼줘야 합니다. 그런데 떼려고 하면 아이가 엄청 떼를 쓰기 시작합니다. 너무 힘이 들지요. 자다가도 공갈 젖꼭지가 입에서 빠지면 기가 막히게 알고 웁니다.

사람마다 공갈 젖꼭지가 있습니다.
어른들의 욕구를 잠재우는 희한한 공갈 젖꼭지도 있습니다.

이 공갈 젖꼭지는 욕망을 다스리는 데 순간적으로 매우 좋은 효과를 보입니다. 그런데 말 그대로 '가짜'입니다. 거짓입니다. 아무리 공갈 젖꼭지를 빨아도 영양분은 공급되지 않고 그저 가짜 만족만 느낄 뿐입니다.

뭔가 일이 뜻대로 돌아가지 않을 때, 짜증 나고 화가 날 때, 욕구불만으로 괴팍해질 때 우리는 잠들지 못하는 아이처럼 공갈 젖꼭지를 입에 뭅니다.

삶이 평안하지 않을 때, 치솟는 짜증을 감당하지 못할 때 우리에게 공갈 젖꼭지가 되어주는 것은 무엇인가요? 당신의 공갈 젖꼭지는 무엇인가요? 쇼핑, 게임, 음식, 남 흉보기, 이성, 성형, 드라마, 자동차, 술, 담배, 스포츠, 명예, 권력 등등.

나이를 먹어도 이 공갈 젖꼭지를 계속 물고 있다면 당신은 아직 어른이 아닙니다. 아이들은 다 압니다. '아, 우리 아빠는 힘들고 짜증 나면 여전히 공갈 젖꼭지를 무는구나. 우리 아빠는 아직 애구나.' 직원들도 다 압니다. '우리 사장님은 아직 애구나.' 힘든 일이 닥치면 근본적인 문제 해결은 회피하고 공갈 젖꼭지를 물어버리는 겁니다. 순간적으로 해소해버리는 거죠. 그러다 보니 염증이 생기고 치열도 틀어집니다. 온갖 부작용이 나타납니다.

이제 가짜는 떼버리십시오.

공갈 젖꼭지를 떼는 일은 쉽지 않습니다. 내 안의 아이가 울고 짜증 냅니다. 그러나 이 시기를 건너야 합니다. 이 시기를 건너지 않으면 스무 살, 서른 살, 마흔 살, 쉰 살이 돼도 짜증 나고 힘들 때마다 공갈 젖꼭지를 물게 됩니다.

고통 중에는 반드시 거쳐야 할 고통도 있는 법입니다.
사람마다 지고 가야 할 십자가가 있습니다.
버려야 할 짐도 있지만, 꼭 져야 할 무게도 있는 법입니다.
둘을 구분하는 지혜가 필요합니다.

자꾸 고통을 회피하기만 하면
나이 들어 삶의 직책은 분명 어른인데
여전히 아이의 내면으로 살아갈 수 있습니다.

아이는 성장하기 시작하면 스스로 공갈 젖꼭지를 내려놓습니다. 사람도 성장하면 공갈 젖꼭지가 유치하고 우스워 보입니다. 당신은 몇 살입니까? 당신은 과연 어른입니까? 어른이 아니라면, 고통스럽지만 지금이라도 우리 삶의 공갈 젖꼭지를 떼야 합니다. 세상은 똑똑한 사람이 있어서 질서가 잡히는 것이 아니라 어른이 있을 때 질서가 잡히기 시작하는 것입니다. 가정에서 회사에서 당신이 속한 공동체에서 어른이 되십시오. 아이에게 좋은 뒷모습을 보여주는 어른이 되십시오.

물론, 상처가 없어지진 않을 것입니다

살아가는 건 일종의 서커스와 같다고 생각합니다. 워터저브볼water zorb ball이란 게 있습니다. 커다란 볼 안에 사람이 들어가서 물 위를 걸어가는 레저입니다. 저브볼 안에 들어가면 자기가 가고자 하는 방향으로 잘 못 가고 헤매게 됩니다. 큰 공 안에 들어가 허우적대며 걷는 것이 마치 열등감과 상처 안에서 사는 우리 모습과 똑같아 보인다는 생각을 해봅니다. 곁에서 보는 사람들이 다 짠하게 여깁니다. 허우적대는 모습을 보며 '왜 저렇게 사나?' 하면서요. 우리가 건강해지면 공 밖으로 나와서 그 공을 자기 손으로 가지고 놀게 됩니다. 마치 저글링하는 것처럼요. 상처와 열등감을 저글링 공삼아 놀이를 즐깁니다.

자존감이 높아야 저글링을 잘합니다. '나는 소중하다'라는 마음이 자존감입니다. 그런데 우리는 내 삶이나 환경에 스크래치가 나지 않는 게 자존감이라고 착각합니다. 삶에 스크래치가 생기면 자기는 소중한 존재가 아니라고 생각하는 거지요. 어릴 적 부모로부터 무조건적인 사랑을 받으며 '나는 존재 자체로 소중하다'는 느낌을 받았어야 하는데 그것을 받지 못한 사람은 자신의 소중함을 알아채기 어렵습니다. 그러니 자신의 가치를 사회가 정한 기준에 맞춰 평가합니다. 사회가 정한 기준에 좀 떨어진다 싶으면 존재 가치도 떨어진다고 생각하는 거지요.

사실 사람 사는 거 되게 비슷합니다. 깻잎 한 장 차이입니다. 저 사람이나 나나 다 비슷하게 살아요. 그런데 누구는 상처를 꽁꽁 감춘 채 사는 거고, 누구는 상처에서 벗어나 건강하고 자유롭게 사는 겁니다.

상처나 열등감을 지켜야 할 문이라고 생각하는 사람은 커다란 자물쇠를 걸어놓고 문 앞에 덩치 좋은 문지기를 둡니다. 내 안에 있는 열등감과 우울함을 타인이 나를 공격해올 지점이라고 생각하며 그것을 계속 감추고 지키려고만 합니다. 그러고는 그 안에 갇혀 상처, 열등감과 함께 살아가지요. 하지만 상처와 열등감으로부터 자유로워지면 그 문은 누군가를 만날 수 있는 문이 됩니다. 다른 상처 입은 자를 이해하고 그를 만날 수 있는 문이 되지요. 그러니 상처가 많은 사람일수록 만날 문이 많다고 생각할 수도 있습니다. 상처에 감사할 수 있는 단계가 오는 거죠. 물론 그렇다고 누가 상처를 받고 싶겠습니까? 누가 쉽게 상처를 긍정할 수 있겠습니까? 저도 마찬가지입니다. 만약 제 삶을 만화영화처럼 과거로 돌려 아무 상처 없이 사는 삶을 선택하겠느냐 묻는다면, 예전의 저라면 당연히 그렇게 한다고 답했을 겁니다. 그렇지만 그 과거가 다 제 공이잖아요. 저글링 할 공. 물론 강의할 거리를 만들기 위해 힘듦을 찾아다니고 싶지는 않습니다. 다만 예전처럼 상처받는 것이 두렵지는 않습니다.

제 상처가 없어지진 않겠죠. 당신의 상처도 없어지진 않을 겁니다. 삶의 상처는 완전히 사라지지 않습니다. 그렇다면 그것을 완전히 없애는 데 에너지를 쓰지 말고 그것을 이용해보십시오. 열등감과 상처를 잘 사용하면 좋은 에너지원이 됩니다. 당신 안의 열등감과 우울함의 공에서 빠져나와 그 공으로 저글링을 하세요.

내가 행복한 방향으로
매일 1도씩 움직이세요

나를 마주할 수 있는 용기

사람은 어제의 나와 오늘의 내가 만나 내일의 내가 됩니다. 여기서 '만난다'는 것은 사람을 만나는 것일 수도, 책이나 영화를 만나는 것일 수도 있습니다. 그리고 만남이 있다는 것은 헤어짐이 있다는 것을 의미합니다. 제가 경험한 만남과 헤어짐을 통해 마주한 제 자신에 대한 이야기를 해보려 합니다.

화가 친구가 있었습니다. 한번은 저를 모델로 초상화를 그려주었습니다. 완성된 그림을 보여주며 "창옥아, 어때?" 하고 묻는 친구에게 저는 바로 대답할 수가 없었습니다. 그림 속 저는 고단해 보였고 부자연스러운 웃음을 짓고 있는 데다 촌스럽고 나이 들어 보였습니다. '왜 나를

저렇게 표현했지? 저게 나인가? 아무래도 생경해….'

그러곤 의도한 건 아니었지만 얼마 후부터 그 친구와 멀어지게 됐습니다. 게다가 그 친구는 그 그림을 제게 선물하려 한 것 같았는데, 저는 정성과 값어치에 관계없이 그 그림을 받고 싶지 않았습니다.

이상하게 그즈음, 제 개인 강연쇼 '포프리쇼' 후원사인 포프리 사장님과도 헤어지게 됐습니다. 의견이 맞지 않아 말다툼을 한 후, 이제 헤어져야 할 때가 됐다는 생각이 들었습니다.

그렇게 오랜 시간 친하게 지내던 두 사람과 멀어졌습니다. 뿐만 아니었습니다. 제 강의를 오랫동안 듣던 한 어머니께서 필리핀에서 유학 중이던 중학생 아들과 제 강의에 찾아왔습니다. 멀리 있는 아들에게 제 강연 영상을 보내주곤 했는데, 한국에 들어온 김에 함께 오신 거죠. 강연이 끝나고 어머님은 아들에게 물었습니다.

"선생님 직접 보니까 어떠니?"

"음, 난 저 선생님 강의가 어떤지는 잘 모르겠는데, 행복해 보이지는 않는 것 같아, 엄마."

그 어린 친구의 말을 들었을 때 물론 전 기분이 좋지 않았습니다. 또 이래저래 그 어머니와 간간이 주고받던 연락이 끊어졌습니다.

도대체 이 사람들, 나한테 왜 이러는 거야?

그렇게 세 가지 사건이 연달아 일어났을 당시만 해도 몰랐습니다. 몇 년이 흐른 뒤에야 조금 알게 되었습니다. 제가 다니던 학교 문리대 건물

103

에는 데모하는 노동자 벽화가 그려져 있습니다. 학교 다닐 때 저는 그 그림이 이해가 안 갔습니다. '왜 투쟁하고 머리에 띠 두른 그림을 학교 건물에 그려놨지?' 그런데 제 초상화에서 그 벽화 느낌이 전해져 왔습니다. 투쟁하고 거칠어 보이고 고단한…. 그 모습이 당시 저의 현존하는 모습이었다는 걸, 나중에야 알게 된 것입니다.

모든 사람은 화가와 같습니다. 상대방을 자신이 생각하는 이미지로 그려냅니다. 그리고 때로는 그걸 상대에게 말해주지요. "넌 이런 사람이야" 하고요. 하지만 그 이야기를 인정하기 어렵죠. 자기 자신을 사랑하는 사람, 자존심이 센 사람, 자신이 추구하는 이상향이 뚜렷한 사람, 내가 되고 싶은 이미지가 명확한 사람일수록 인정하기 어렵습니다. 현존하는 자신과 추구하는 자기가 다른데도 말이죠.

내가 생각하는 나와 남들이 생각하는 나 사이에 차이가 크면 다른 사람 이야기가 들리지 않습니다. 사람들은 그때 제게 말했던 것입니다. "창옥아, 너 그래." "김선생, 당신 이 모습이에요." 하물며 중학생 아이까지 "선생님 이런 모습이에요"라고 말해주었지만 저는 저에 대한 사랑과 저에 대한 자존심이 강해 인정하려 하지 않았습니다. 그리고 저를 그렇게 보는 사람들과 단절한 거지요.

한 사람이 당신에게 뭐라고 하면 아닐 수도 있습니다. 하지만 여러 사람이 말하면 차분히 앉아서 들어봐야 합니다. 저도 한때는 이렇게 생각했습니다. '아, 진짜 나한테 왜 이래, 내 주위 완전 짜증 나. 그래도 나 좋아한다는 사람 있어. 그 사람들하고 놀면 돼.'

하지만 제가 제 모습을 받아들이려 하지 않았다는 걸 깨닫고 모두에게 사과했습니다.

누군가 나를 그려줬다면, '내 모습이 정말 그런가?' 하고 바라보세요.

초상화에는 그림을 그리는 화가가 있고 그려지는 모델이 있습니다. 사람은 태어나서 죽을 때까지 화가처럼 누군가를 그리고, 또 누군가의 모델이 됩니다. 여러분도 여러분의 배우자나 친구, 직장동료에 대해 마음속으로 그림을 그리실 거예요. '이 사람은 이런 느낌이야' 하고요.

처음에 화가 친구에게 이런 말을 했습니다.

"네 안에 있는 거침이 내 안에 있는 거침을 그린 거 아니야? 네 안에 있는 피곤함이 내 안에 있는 피곤함을 본 거 아니야?"

왜냐하면 화가 내면에도 많은 패턴과 색깔이 있을 것이고, 자신의 상태에 따라 그 색깔과 패턴이 먼저 보일 테니까요. 마치 배가 고플 때는 세상이 춥고 어두워 보이다가 배가 부르면 세상이 따뜻하고 밝아 보이듯 말입니다. 사람은 내 안에 있는 부분을 타인에게서 먼저 봅니다. 누군가 싫다면 분명 그 사람에게 나와 비슷한 부분이 있을 것입니다. 인정하기는 힘들겠지만요.

화가 안에 투박함이 있어서 제 투박함을 봤을 수는 있지만, 저에게 투박함이 없었더라면 화가는 그걸 그려내지 못했을 것입니다. 만약 우리 안에 아무것도 없다면 누군가 많은 것을 가지고 있더라도 우리를 표현

해낼 수 없겠지요. 우리 안에 아주 작더라도 뭔가가 있기 때문에 그것을 그림으로 그려내는 것입니다.

그러니 누군가 그려준 그림을 보고 외면하지 마십시오. 잠시 자신에 대한 사랑을 덜어내고 '내가 정말 저 모습인가?' 하고 바라보십시오. 비록 그 모습이 내가 인정하기 싫은 소심하고 나약하고 비겁한 모습이라 하더라도요.

화가에게 초상화를 의뢰하는 사람들은 대개 두 가지 형태로 이야기한다고 합니다. 대부분 "예쁘게 그려주세요"라고 하지요. 예쁘게 그려주지 않으면 저처럼 서운해하고요. 아주 소수의 사람들만이 "있는 그대로 그려주세요. 제 안에 있는 모든 에너지와 질곡을 작가님이 보시는 그대로 그려주세요. 제 있는 그대로의 모습을 보고 싶고 받아들이고 싶습니다"라고 말한다고 합니다. 당신은 어떻게 말할 건가요?

있는 그대로의 내 모습을 받아들이는 것,
이것이 변화의 시작입니다.

106

꽃이 떨어져야 열매가 맺힙니다

꽃이 떨어져야 열매가 시작됩니다.

열매 안에는 씨앗이 들어 있습니다.

꽃은 자존심의 상징입니다.

자존심이 떨어질 수 있습니다.

자존심이 꺾이는 계절이 찾아올 수 있습니다.

그러면 놀랍게도 인격이라는 열매가 맺히게 되어 있습니다.

그러면 나중에 씨앗에서 또 꽃이 납니다.

꽃이 떨어진다고 슬퍼하지 마십시오.

꽃이 떨어지고 열매가 맺히고, 그렇게 우리는 어른이 되어갑니다.

삶은 오늘도 '공사 중'입니다
〰〰〰〰〰〰〰〰〰〰〰〰〰〰〰〰〰〰〰〰〰〰〰〰〰〰

돈이 있다고, 높은 자리에 올랐다고, 외모가 출중하다고 반드시 행복한 것은 아닙니다. 한번은 강의 도중 물어보았습니다.

"나는 젊었을 때 하고 싶은 것이 있었는데 그것을 못 해서 한이 된다, 하는 분 손 들어보세요."

누구에게나 '한恨'이 있습니다. 내가 갖지 못한 것을 가진 사람들을 보면 한이 없을 거라 생각하지만 그들에게도 다 한이 있습니다.

반대로 "나는 한이 없다, 원 없이 산다고 생각하는 분 손 들어보세요" 하면 아주 소수의 분들이 (옆 사람 눈치를 보며) 손을 듭니다.

저도 대학생들이 인터뷰를 하러 왔을 때 비슷한 질문을 받았습니다.

"교수님은 살면서 가장 후회되는 게 무엇인가요?"

그때 이야기를 해보려 합니다. 보통 성악을 전공한 사람들은 독일이나 이탈리아로 유학을 갑니다. 성악을 공부하고 있을 때 전 이미 제가 노래를 잘 못한다는 걸 알았습니다. 때문에 연기로, 정확히 말하면 연기를 바탕으로 관계와 심리 문제를 교육하는 교육연극을 공부하러 유학을 떠나고 싶었습니다.

강의를 하다 보면 다양한 나라에서 강의 의뢰가 들어오는데 여러 현실적인 문제로 가지 못할 때가 많습니다. 그런데 이번 여름에는 뉴욕에 다녀왔습니다. 제가 대학 시절 유학 가고 싶었던 학교가 뉴욕에 있었지요. 그 학교를 가보고 싶은 마음에 겸사겸사 일정을 잡았습니다.

뉴욕에 오래 거주하신 분께서 저를 저녁식사에 초대해주셨습니다. 그분이 이런 말씀을 하시더군요.

"교수님, 제가 뉴욕에서 30년 가까이 살았는데 뉴욕에는 크게 세 가지 특징이 있어요. 첫 번째는 야경이 정말 멋있어요. 그래서 낯선 남녀라 해도 이 야경을 보고 있으면 사랑에 빠지지 않을 수 없지요. 두 번째, 뉴욕의 실상인 바닥을 바라보면, 대부분의 시내가 좀 더러워요. 지저분하고 사건사고가 많아요. 앰뷸런스 소리를 자주 듣게 돼요."

인생은 멀리서 보면 희극, 가까이에서 보면 비극이라는 찰리 채플린의 말이 뉴욕 거리와 비슷하다는 생각을 했습니다. 뉴욕이라고 하면 패션의 도시, 자유의여신상, 센트럴파크 등 활기차고 아름답고 긍정적인 이미지를 떠올리지만 실상은 조금은 혼란스럽고 지저분하기 때문이죠.

"그리고 세 번째는, 늘 공사 중이라는 것이에요."

삶은 멀리서 보면 분명히 희극적인 부분이 많습니다. 직장생활도 결혼생활도. 마치 우리가 뉴욕이라는 곳을 처음 떠올릴 때처럼 말입니다. 그런데 우리는 삶을 경험하면서 점차 알게 됩니다. 가까이에서 보면 비극적인 요소가 꽤나 많다는 것을요. 행복하기만 할 것 같았던 결혼생활을 몇 년 지속하지 못하고 종지부를 찍는 사람을 쉽게 볼 수 있습니다. 마냥 활기찰 것 같은 직장에 들어가도 곧 알게 됩니다. '이곳은 힘들구나, 또라이들이 많구나, 그리고 이 또라이들은 절대 회사를 그만두지 않겠구나.'

마냥 순하기만 해서는 발전하거나 성공할 수 없다는 것을 우리는 알고 있습니다. 또라이 없는 조직은 발전하지 못한다는 말도 있고, '또라이질량보존의법칙'도 있으니까요.

이렇게 하나씩 삶의 비극적 요소들을 알기 시작합니다. 뉴욕처럼 내 삶의 앰뷸런스가 찾아오는 일도 너무 많아요. 내가 실수를 했건 누군가 내게 와서 실수를 했건 삶의 앰뷸런스를 탈 일, 관계의 앰뷸런스를 탈 일, 실패와 절망의 앰뷸런스를 탈 일이 생기기 시작합니다.

그리고 마지막으로 뉴욕처럼 우리 삶도 계속 공사 중입니다.

지금 불편한 까닭은 공사 중이기 때문입니다.

완벽한 회사, 완벽한 남편, 완벽한 아내, 완벽한 상사… 본 적 있나요? 오히려 완벽을 추구하는 사람일수록 '나와 안 맞는 것, 내 눈에 안 차는 것'이 더 많은 법입니다. 안목이 열린 사람일수록 부족한 부분, 마음에 안 드는 곳이 가장 빨리 보이는 법입니다. 이건 이래서 싫고, 저건 저래서 안 된다고 판단부터 합니다.

수천 년 된 유럽의 도시들은 공사를 할 수 없거나, 하더라도 큰 공사는 하지 못하게 되어 있습니다. 하지만 뉴욕처럼 생긴 지 얼마 안 된 도시는 끊임없이 공사를 합니다. 사람도 오백 년, 천 년을 살 수 있다면 그렇게 많은 공사가 필요하지 않을 수 있습니다. 하지만 길어야 백 년을 살고 죽는 인간은 거듭 공사를 반복할 수밖에 없습니다.

한국엔 백 년 넘은 기업이 많지 않습니다. 대부분 신생 기업이에요. 뉴욕처럼 계속 공사할 게 있습니다. 발전할수록 공사에 박차를 가합니다. 그곳에 있는 우리는 불편할 수밖에 없어요. 우리가 회사에 있으면서 이것도 맘에 안 들고 저것도 맘에 안 드는 건, 회사도 나처럼 지금 공사 중이기 때문일 수 있습니다.

우리는 한 번에 완벽하게 건설된 도시가 아닙니다.

"그런데 왜 이런 뉴욕에 사세요?"

그분께 저는 이렇게 되물었습니다. 지금까지의 설명으로는 도무지 매력적인 도시가 아니었으니까요.

"뉴욕의 진짜 매력을 소개할게요. 뉴욕은 우리가 사랑하는 모든 분야의 끝이 있는 도시예요."

그러고 보니 야구를 좋아하는 사람은 야구의 끝인 '양키스'를 볼 수 있습니다. 패션을 좋아하는 사람은 최고의 숍들이 모여 있는 뉴욕이, 빈

티지를 좋아하는 제 경우는 다양한 종류의 빈티지 가게들을 볼 수 있는 이 도시가 매력적일 수밖에 없습니다.

뉴욕은 자기의 사랑이 있는, 자신이 사랑하는 분야가 있는 사람에겐 최고의 도시입니다. 그런 사랑이 없는 이들에겐 화려한 야경에 비해 초라한 낮의 민낯처럼 매력 없는 곳이기도 하죠.

한국 사람들이 자살하는 수가 전쟁터에서 죽는 사람의 수를 넘어섰다고 합니다. 아마도 삶의 중간에 삶이 비극이라는 사실을 강하게 알아차려 버린 것 같습니다.

삶이 힘들지 않다고 말하는 사람은 다 사기꾼입니다. 우리 회사는 힘든 게 없고 복지가 좋은 꿈의 회사다, 라고 말하는 것도 다 거짓말입니다. 평생 행복하게 해준다는 사람의 말도 믿을 게 못 됩니다. 삶 자체가, 결혼 자체가, 직장생활이 그렇게 될 수가 없거든요.

자기 사랑이 있어야 합니다. 자신이 사랑하는 관심사, 자신이 집중하고 반복하게 되는 것. 그런 사랑을 갖고 있지 않으면 삶은 완전한 비극이 됩니다.

그런 사랑이 없는 사람들은 살아갈수록 '변화'하지 않고 '변질'됩니다. 나이가 들수록 깊어지는 게 아니라 믿지 않게 되는 거예요. 꿈도 비전도 사랑도 믿지 않아요. 그러니 보상으로 살고자 하는 겁니다. 자신의 영혼의 땅, 사랑의 땅을 뺏겨버렸거든요.

이제 회사에 갓 들어간 신입, 이직을 준비하는 분들, 결혼생활을 시작하거나 이제 그만 함께 살고 싶은 분들, 새로운 도전을 하고자 하는 분들께 저는 말하고 싶습니다. 삶은 늘 공사 중이라고요. 나도 그리고 타인도, 우리 모두 한 번에 완벽하게 건설된 도시가 아니라는 사실을요. 그리고 그 안에서 자신의 진정한 사랑을 찾아내는 것이야말로 이 삶을 삶답게 살아낼 수 있는 방법이라는 것을요. 뉴욕을 뉴욕답게 즐길 수 있는 길이라는 것을요.

심장이 뛰는가?
지금 내 눈이 반짝이는가?
반복하게 되는가?
돈을 쓰게 되고 관심이 가는가?
그것이 내 삶을 빛나게 해주는가?

이 질문에 "YES!"라고 답할 수 있는 사랑을 찾으세요.

보위를 빼앗긴 왕의 슬픔

저에겐 아이가 셋이 있습니다. 첫째가 어느 날 갑자기 쌍둥이 동생이 생기자 전에는 하지 않던 이상행동을 보이기 시작했습니다. 자신이 독차지하던 사랑을 갑자기 둘씩이나 생긴 동생들에게 빼앗겨버렸으니까요. 사람들은 이것을 '보위를 빼앗긴 왕의 슬픔'에 비유하더군요. 그토록 강한 상실감이라고 합니다.

우리 삶에도 그런 순간이 찾아옵니다. 예전에는 잘나갔는데 지금은 그렇지 않다고 생각하는 사람들이 그런 슬픔에 빠집니다. 잘나가다가 어느 날 갑자기 보위를 빼앗기게 된 것이죠. 그 보위가 사랑이든 자존심이든 실력이든, 보위를 빼앗긴 왕의 슬픔은 인생에서 때때로 찾아옵니다.

보위를 빼앗긴 제 첫째 아이는 이전에는 하지 않던 행동을 하기 시작했습니다. 제가 유치원에 데려다주면 이렇게 말합니다.

"아빠, 나 실내화 갈아 신을 때까지 가지 말고 서 있어."

천천히 실내화를 갈아 신고는 또 이렇게 말합니다.

"아빠, 나 교실로 들어갈 때까지 가지 말고 거기서 손 흔들고 있어."

그런 아이를 보는 순간, 시간이 천천히 흐르며 어머니께서 저에게 하
신 말씀이 떠올랐습니다.
"창옥아, 네 딸 귀엽지. 엄마도 너 그렇게 키웠어."
정말 그 소리가 그 순간 들리는 것이었습니다. 그리고 눈물이 왈칵
쏟아졌습니다.

　　삶이 힘든 순간, 잊지 마십시오.
　　우리는 모두 누군가에게 그런 소중한 존재였습니다.
　　제 딸이 뭔가를 잘해서 소중한 게 아니듯,
　　당신도 뭔가를 잘해서, 세상에 쓸모가 있어서
　　소중한 게 아닙니다.
　　우리는 존재 자체만으로 소중합니다.
　　그렇게 이 세상에 온 것입니다.

잠깐! 촬영만큼 중요한 편집이 남아 있습니다

사람이 겉에서 보기엔 멀쩡한데 내면이 조금씩 썩어가는 경우가 있습니다. 남들은 눈치채지 못하고 자기 스스로도 또렷한 원인을 알 수 없을 때가 있지요. 저도 1, 2년 전부턴가 제 안에서 뭔가 문제가 생기는 것 같다는 느낌을 받았습니다. '이상하다, 재미가 없다, 기운이 없다, 별로 행복하지 않다…' 하는 느낌.

저같이 강의하는 사람이 제일 하기 어려운 말이 '힘들다, 어렵다, 재미없다, 행복하지 않다'입니다. 사람들은 저를 통해 즐겁고 싶고 행복해지고 싶고 위로받고 싶고 동기부여를 받고 싶어 하니까요. 그래서 저는 누구에게도 이런 제 마음을 표현할 수 없었습니다. 혼자 끙끙 앓던 중 이 문제를 해결하기 위해 '영화'를 해야겠다는 생각이 들었습니다.

처음에는 영화가 아닌 '연기'를 해야겠다는 생각이었습니다. 연기를 배우기 위해 강의를 다 그만두고 대학원에 진학하려 했죠. 그런데 때마침 알게 된 한 영화배우의 도움으로 영화를 시작하게 됐습니다. 제 강의를 봐서 저를 알고 있다는 영화감독님을 만나 감사하게도 작은 배역을 받았습니다.

그 배역은 조직 깡패의 타락한 회계사였죠. 깡패의 돈을 건드린 게 발각되어 크레인에 거꾸로 매달려 죽는 역할이었습니다. 촬영은 시멘트 공장에서 새벽 1시부터 시작됐습니다. 크레인에 거꾸로 매달려 시궁창 물에 담겼다 빼졌다, 그러다 맞다, 결국 죽는. 거꾸로 매달려 있는 것도 어려운데 날씨는 춥고 촬영은 네다섯 번이나 반복됐습니다. 매 맞는 장면에서는 잘못 맞아 입안에서 피가 터졌고 코뼈까지 부러졌습니다. 촬영이 끝나자마자 응급실에 실려 갔죠.

힘들었지만 너무나 멋진 데뷔가 될 것 같아 기뻤습니다. 하지만 영화 개봉 전, 감독님으로부터 '액션은 너무 좋았지만 등급 선정의 문제로 부득이하게 그 장면은 통편집됐다'는 연락을 받았습니다. 속상했습니다. 힘들게 찍었고, 신인으로서 꽤 강한 인상을 남길 수 있을 만한 장면이었기 때문이죠. '아… 이럴 수도 있구나. 이렇게 편집될 수도 있구나'라는 생각을 하면서 마치 제 인생 일부분이 편집돼 없어져 버린 듯한 허탈감을 맛봤습니다.

우리 인생에서도 편집돼 없어져 버린 시간들이 있죠.

117

살다 보면 이런 순간이 옵니다. 열심히 산 사람일수록, 뜨겁게 사랑한 사람일수록, 정말 진실한 마음이었던 사람일수록, 그 시간이 지난 후 그 모든 시간이 통으로 편집되고 날려버린 느낌을 받습니다. 그때 찾아오는 허망함이 매우 크거든요. 진실하게 안 산 사람은 허무하지도 않습니다. 정말 부끄럽지 않게 최선을 다해 살았던 사람일수록 그 시간이 헛되었다는 생각이 들면 엄청난 허망함이 몰려옵니다.

〈삼시세끼〉라는 프로그램이 있습니다. 처음 촬영지에서 프로그램을 찍은 후 연출자와 제작진들은 이렇게 말했다고 합니다.

"망했다…."

흔히 방송에서는 '꺼리'가 나와야 하는데 시청자의 시선을 주목시킬 만한 것들이 안 나온 거죠. 유해진 씨가 바다에 가서 낚시를 했는데 물고기를 하나도 못 잡고 돌아왔어요. 전형적인 방송에서의 히트감이 나오지 않았습니다. 하지만 이런 〈삼시세끼〉가 성공할 수 있었던 이유는 바로 자막, 음악, 연출자들이 그 장면을 바라보는 시선 때문이었습니다.

아무것도 낚지 못한 유해진 씨가 돌아오는 장면에서 이런 자막이 떴습니다. "아무것도 잡지 못한 참바다 씨. 우리 아버지들의 뒷모습과 참 많이 닮아 있네요." 그러고는 음악을 함께 넣어줍니다. 이렇게 되면서 원래 현상과는 다른 메시지가 만들어집니다.

또 그곳에서의 촬영은 거짓된 모습이 없었습니다. 짜여진 각본 없이 그들은 진심으로 빵을 굽고 진심으로 강아지랑 놀아줍니다. 출연자들은 '진짜'로 행동하고, 연출진들은 그 모든 것에 의미를 부여하고 음악을 넣고 자막을 써서 그 상황을 새롭게 바라보게 만들어주는 거지요.

인생은 촬영에서 끝이 아닙니다. 편집도 있습니다.

사람들은 자신의 삶을 자기가 산 삶으로만 생각해요. 즉 내가 찍은 분량만 생각하지요. 그래서 내 인생을 내가 살아온 30평생, 40평생, 50평생으로 끝났다고 생각해요. 왜냐, 그렇게 찍었으니까.

하지만 제가 보기에 삶은 영화와 같아서 촬영이 있고, 종합편집이 있습니다. 음악, 자막을 어떻게 넣고, 어디를 잘라서 어디에 붙일 것인지, 어떤 관점으로 보고 어떤 스토리로 구성할 것인지에 대한 종합편집.

사람들이 제 강의를 듣는 이유를 생각해보면, 제가 뛰어나거나 훌륭하게 살았기 때문이 아닙니다. 그런 삶을 살지도 못했구요. 사람들이 겪었을 법한 이야기, 제가 더 진하게 겪었거나 연하게 겪었던 이야기, 그 '촬영본'을 그냥 말하지 않기 때문입니다. 종합편집을 해서 시선을 바꾸고 의미를 붙여서 말하기 때문입니다.

> 연기 자체를 바꿀 수는 없어요.
> 이미 산 삶을 바꿀 수는 없어요. 못 돌려요.
> 그런데 우리는 자꾸 돌이킬 수 없는 삶에 대한 후회와 원망,
> 그 사건을 일으킨 인간에 대한 미움과 분노로
> 내 삶을 깎아 먹고 있어요.
> 하지만 그 삶에 대한 종합편집권은 우리에게 남아 있습니다.

그 시간을, 그 사건을 어떻게 바라볼 것인지, 어떤 자막을 넣고, 어떤 감성의 음악을 틀어놓을 것인지….

저는 이렇게 추천드려요. 바꿀 수 있는 것이 있다면 바꾸시라고. 할 수 있는 거라면 하시라고. 그리고 할 수 없고 바꿀 수 없다면 살아온 인생에 대해 스트레스받지 말고 종합편집을 해보시라고. 당신의 삶에 문제가 있는 게 아닐 수도 있습니다. 삶을 바라보는 당신의 시선에 문제가 있을 수도 있습니다.

처음에는 어려울 수 있습니다. 어렵다면 '어, 저 사람은 자기 삶을 괜찮은 시선으로 종합편집하네' 하는 사람 곁으로 가세요. 그 사람이 죽은 사람이든 산 사람이든, 책으로 남은 사람이든 영상으로 남은 사람이든 그런 사람의 시선과 자꾸 접촉하다 보면 우리 자신도 그렇게 될 확률이 높아집니다.

저는 강의할 때 부모님 이야기를 많이 하는 편입니다. 많은 부모님이 그렇듯 저희 부모님 사이는 그다지 좋다고 할 수 없었고, 그 과정에서 어머님이 하신 촌철살인 같은 표현은 제 강의에서 웃음과 공감에 큰 역할을 합니다. 그때 제가 하는 생각이 '아, 우리 부모님 사이가 안 좋았던 것도 감사한 일이었네'였습니다.

제가 처음부터 그랬을까요? 제게 조그만 문제가 생길 때마다 부모님께 화살을 돌리던 시절도 있었습니다. '내가 심리학에서 배웠는데, 부모의 사이가 좋지 않은 건 부모가 자식을 거부한 거래! 그러니 거부당한 아이들은 남에게 거부당하지 않으려고 먼저 사람들을 잘라내 버리는 거야' 하며 사람들과 관계 맺기를 꺼리던 시절도 있었습니다. 더 이상 상처받고 싶지 않으니 더 이상 가까이 오지 못하게 했던 거죠.

하지만 지금은 그 또한 감사한 일이라는 사실을 알게 됐습니다. 부모님 사이가 안 좋은 걸 어떻게 바꿀 수 있을까요? 이미 충격과 상처는 받아버렸는데, 그 자체를 어떻게 바꿀 수 있겠어요.

사람마다 그런 게 있습니다. 내 머리에 인두로 찍힌 것 같은 그 무엇. 아무리 지우려 해도 상처의 흔적까지는 지울 수 없는 그 무엇. 인간관계의 문제든 부모자녀 사이의 문제든 과거에 일어난 사건과 상처의 문제든 잊을 수 없는 기억의 문제든.

그렇다면 편집해보십시오.

우리는 삶을 촬영해놓고 그게 삶의 전부인 양 생각합니다. 그 삶 안에는 실패, 두려움, 이별, 명퇴, 실망, 배신 등이 있습니다. 그리고 그게 삶의 전부인 줄 아는 거예요. 삶은 촬영과 종합편집의 합성입니다. 살아온 것으로만 끝나지 않습니다. 그 삶에서 나와 우리가 우리의 삶을 편집하고 새로운 시선을 넣을 수 있다면 망했다고 생각했던 프로그램이 최고의 프로그램이 되듯 우리 삶도 그렇게 될 수 있습니다.

죽을 고생을 다해 찍은 장면이 통편집됐기 때문에 저는 이 작은 깨달음을 얻을 수 있었습니다. 통편집됐다는 사실 하나만 생각하고 그게 내 인생이라고 여겼다면, 저는 이 이야기를 여러분과 나누지 못했을 것입니다.

내 어깨에 앉은 귀신

귀신이 있다고 믿나요? 귀신을 보거나 체험한 적이 있나요? 그냥 한 번 보이고 마는 귀신도 있고, 사람에게 붙어서 따라다니는 귀신도 있습니다. 영화에서 무당이 사람을 보고 "어딘데 들어와? 어디, 사람 어깨에 붙어 있어!" 하고 큰소리치는 장면이 종종 등장합니다. 저는 그것이 실제라고 생각합니다. 제 경험담을 들려드릴게요.

사람이 돈을 벌면 크게 두 가지를 하고 싶어 합니다. 경험을 사거나 물건을 사고 싶어 하지요. 남자들은 보통 좋은 차를 사고 싶어 합니다.

제가 강연 일을 처음 시작했을 때는 직접 운전을 하고 다녔습니다. 내비게이션이 없을 때여서 일일이 강연장 가는 길을 물어봐야 했습니다. 몇 번 고속도로를 타고 어디에서 빠져야 하는지 등등. 매번 길을 찾는 것도 어렵고 1년에 몇만 킬로미터씩 운전하다 보니 힘이 들었습니다. 강연을 하러 갈 때는 괜찮은데 강연이 끝나고 돌아올 때는 졸음이 쏟아져 사고가 나기도 했습니다. 그러다 결국 '안 되겠다. 운전을 도와주는 직원을 뽑자'는 생각에 이르러 운전만 하는 직원을 고용했습니다. 흔히 말해서 기사가 생긴 거지요. 얼마나 좋아요. 연예인처럼 기사가 여기저기 데려다주니까요. 처음에는 정말 편했습니다. 그런데 얼마 지나지 않아 문제가 생기기 시작했습니다. 항상 감시당하는 느낌이 들었어요. 전화도 편하게 할 수 없고, 누구를 만나는지 기사가 다 알고, 프라이버시가 전혀 없다고 느껴졌어요. 어느 날 숨이 막히더군요. 나도 나만의 공간에서 혼자 있고 싶을 때가 있는데 항상 누군가가 붙어 있는 거예요.

'아! 숨을 못 쉬겠다!'

나를 지키려 했던 그것이
도리어 나에게 붙은 귀신이 되어 숨 막히게 했습니다.

항상 누군가 나를 보고 있다고 생각하는 사람이 있습니다. 그런 사람은 환청과 환각에 시달리기도 합니다. 영화 〈블랙 스완〉에서 주인공 나탈리 포트만은 발레 공연을 앞두고 중압감과 강박감에 환각과 환청을 경험하지요. 자신의 등에 백조처럼 깃털이 솟아나는 환각을 경험하기도 하고, 대기실 거울에 자신을 욕하는 말이 쓰여 있는 헛것을 보기도 합니다. 우리도 어떤 상황에 부딪치면 환각과 환청을 경험합니다. 깜짝깜짝 놀라고, 거기에 영향을 받습니다. 살아가는 순간순간 계속 그 영향을 받습니

123

다. 열등감이 있는 사람은 사람들이 자신의 열등한 부분만 본다고 생각합니다. 사람들은 그냥 웃은 건데 내 눈에는 비웃는 것처럼 보입니다.

우리의 상처, 열등감, 트라우마가
실존하는 귀신을 만들어내고,
어깨에 앉아 항상 나를 따라다닙니다.

그리고 결정적인 순간에 그 귀신이 나한테 말을 합니다. "봐봐. 사람들이 너를 그렇게 보잖아." "봐봐. 저 사람들이 널 무시하고 있는 거야." "봐봐. 너 같은 사람은 들어오지 말라고 쓰여 있어. 그러니까 넌 거기 가면 안 돼." 이런 말들이 들려옵니다.

귀신이 어깨에 앉아 있는데 자신만 모릅니다. 사람들은 그 귀신을 느끼고 가까이 다가오지 않아요. 그 귀신이 사람을 해치진 않지만, 뭔가 느껴지고 불편하니까 가까이 다가오지 않고 어느 정도 거리를 두죠. 당사자만 모릅니다.

저는 성악과에 다닐 때 항상 군복을 입고 군화를 신고 다녔습니다. 주변에서 이상한 시선으로 볼 때 저는 그들을 무시했죠. 뭣도 모르는 것들이라면서요. 당시 일기장을 보니까 이런 말들이 쓰여 있더군요. '진리는 다수결이 아니다. 어울려 다닌다고 부러워하지 말고, 혼자라고 외로워하지 말자', '진흙에 물들여지지 않은 연꽃처럼, 그물에 잡히지 않는 바람처럼, 무소의 뿔처럼 혼자서 가라' 이런 글을 옮겨 적으면서 '나는 너희들하고 어울리고 싶지 않아. 나는 외롭지 않아. 너희가 나를 왕따시키는 게 아니라 내가 너희를 다 왕따시키는 거야'라고 제 자신을 세뇌한 거지요. 참 외로운 또라이였습니다. 대학생활 동안 제 어깨에 항상 귀신이 앉아 있었던 거지요. 그래서 사람들이 제 주변에 오지 않았어요. 만약 당신 주위에 사람이 오지 않는다면, 자신을 돌아보십시오.

어때요, 귀신이 있는 것 같나요? 어깨에 앉은 귀신을 스스로 알아보기 위해서는 좋은 거울에 비춰 보아야 합니다. (이 책이 당신의 좋은 거울이 되었으면 좋겠습니다.) 그러면 나한테 무엇이 붙어 있는지 보입니다. 나에게 환각과 환청을 주었던 그것이 보입니다. 그리고 어떻게 하면 그것이 떠나갈 수 있는지, 어디에서 그것이 나에게 붙었는지를 알 수 있습니다.

작년엔 한 TV 프로그램을 녹화한 적이 있습니다. 저와 연예인 4명, 신청자 7명이 함께 유럽으로 여행을 떠나는 버라이어티쇼입니다. 1인당 카메라가 한 대씩 주어지고, 숙소에는 다섯 대의 카메라가 곳곳에 설치되었습니다. 낮이고 밤이고 24시간 동안 카메라가 따라다니니 표정을 계속 신경 써야 하고 편한 옷으로 갈아입지도 못하고 말도 쉽게 못하겠고…. 점점 피곤해졌습니다. 프로그램에 신청해서 참여하신 분들도 처음에는 연예인과 여행한다, 카메라가 나를 찍는다며 좋아하다가 모든 행동이 다 녹화되니 갈수록 지치고 힘들어했습니다. 그렇게 불편해하면서 5일을 지냈는데, 어떻게 된지 아세요? 제가 통편집됐습니다. 무척 허무하더군요. 그렇게 시종일관 긴장하며 지냈는데, 하나도 방영되지 않다니.

눈치 보고, 하고 싶은 거 못하고 살았는데
사실 그 카메라, 안 돌아가고 있을지 모릅니다.

사람들은 우리에게 그렇게 관심이 없을지도 모릅니다. 우리가 소중하다고 여기고 치욕스럽다고 여기는 그것에 사람들은 그다지 관심 갖지 않을지도 모릅니다. 그러니 하고 싶은 거 하면서 사십시오. 안 그러면 우리를 돕고, 우리를 지키려고 했던 선택들이 도리어 우리를 숨 막히게 할지 모릅니다. 좋은 차 안에서 우울증에 걸릴 수도 있습니다. 좋은 집 살면서 무기력증에 걸릴지도 모릅니다. 꽤 많은 월급 받으면서 정신이상이 생길지도 모릅니다. 하지만 우리는 이렇게 말합니다. "지금보다 상황이 좀 좋아지면 문제가 해결될 거야"라고요. 시어머니 때문에 스트레스받으면 '어머니 돌아가시면 숨 좀 돌릴 거야'라고 생각합니다. 그 어머니 100세까지 사십니다. 설령 어머니가 세상을 떠나신다 해도 이번에는 둘째 아들이 문제를 일으킬 겁니다. 이렇게 세 번, 네 번 반복되면 '나는 복이 없는 사람이구나. 난 원래 이렇게 생겨먹었구나' 하며 세상의 모든 안 좋은 기운을 몰고 다닙니다. 기운은 기운끼리 연합합니다. 안 좋은 기운을 가지면, 안 좋은 기운이 계속 오게 되어 있습니다. 온갖 귀신이 붙어 삶이 무거워집니다.

귀신을 쫓아내고, 사람답게 사십시오.
삶은 소중합니다.
헛것 보고 헛것 들으면서 살지 마세요.

126

난 놈보단 된 놈이 되십시오

삶은 끼로만 되는 것이 아닙니다. 훈련받지 못한 끼는 자신의 영혼을 힘들게 할 뿐입니다. 끼는 하늘에서 받거나 부모로부터 받은 거니까 겸손해야 합니다. 사람들은 '내가 난 놈이냐, 아니냐'를 매우 신경 씁니다. 다른 사람보다 조금 더 재능이 있으면 자신이 낫다는 것에 필요 이상의 우월의식을 가집니다.

타고난 사람이 있습니다. 타고난 사람은 자기가 봐도 놀랍니다. 조금만 공부해도 장학금을 타고, 조금만 운동해도 메달을 따고, 조금만 일해도 돈이 들어옵니다. 그런데 '난 놈'인데, '된 놈'이 안 됩니다. 난 놈이 된 놈이 안 되면, 자기 자신과 주변 사람을 굉장히 힘들게 합니다. 가장 힘든 것은 자기 자신이죠. 칼이 예리한데 칼집이 없는 것과 같습니다. 보검일수록 칼집이 좋습니다. 싼 칼일수록 칼집이 없습니다. 난 사람이 되는 것은 예리한 칼날을 갖는 것과 같고, 된 사람이 되는 것은 칼집을 갖는 것과 같습니다. 예리한 실력의 칼을 하늘로부터, 부모로부터 받았는데 된 놈이 못 된 거죠. 그러면 결국 그 날카로운 칼로 자신을 베고, 칼 자랑을 하다가 다른 사람도 다치게 합니다.

칼을 받았으면 된 놈이 되어야 합니다. 훈련을 받아야 합니다. 철학 없는 기술은 삼류입니다. 그런 칼은 어디에 써먹지도 못합니다. 가진 자가, 받은 자가 더 겸손하게 무릎 꿇고, 연습하고, 훈련받고, 스승을 찾아야 하고, 삶의 시스템에 귀의해야 합니다. 그것이 삶의 원리입니다.

당신이 다른 사람보다 눈에 띄게 가진 것이 있다면 된 사람인가를 돌아보십시오. 세상은 난 놈에 의해 혜택을 받습니다. 솔직히 그렇습니다. 몇몇의 천재가 세상을 일으키고 변화시키는 것이 사실입니다. 그런데 천재라는 건 천재성입니다. 결국은 하늘로부터 재능을 선물받은 것입니다. 이 선물은 개인의 소유물이 아닙니다. 하늘에서 줬고, 부모가 줬고, 삶이 우리에게 준 것입니다. 마치 그것을 자신의 힘으로 얻어낸 것이라 착각하고 당연하게 생각하면 결국 그 능력이 자신을 망하게 할 것입니다.

삶은 오늘도 우리에게 선물을 줍니다.

돌을 금이 되게 하는 것도 연금술이지만

최고의 연금술은 이미 우리 삶이

상당히 좋은 금이라는 걸 깨닫는 것입니다.

이미 우리가 기적 같은 삶을 선물로 받고

누리고 있다는 것을 아는 것이

인간 최고의 연금술입니다.

그것을 아는 사람만이 변화를 가지고 올 수 있고, 변화되어서도 자만
하거나 홀로 높아지지 않습니다.

어느 날 찾아온 삶의 반려동물

저희 집에는 '사랑이'라는 반려동물이 있습니다. 이름대로 사랑스러운 갈색 푸들 강아지입니다. 처음 사랑이를 키운다고 했을 때 별로 반갑지 않았습니다. 집 안에서 개를 키운다는 게 낯설었습니다. 8년이 지난 지금은 사랑이는 물론이고 길거리에 있는 모든 강아지들이 사랑스러워졌습니다.

반려동물을 키우는 사람이 점차 늘어나고 있습니다. 사람보다 낫다고 말하기도 합니다. 남편들은 압니다. 아내와 아이들보다 반려동물이 자신을 훨씬 더 반겨준다는 사실을요. 갈수록 환영받지 못하는 세상이잖아요. 순수하게 환영해주는 곳이 많지 않거든요. 그런데 반려동물은 한결같이 인간을 환영하죠.

그런데 말입니다. 반려동물이 해코지를 하기도 합니다. 아시겠지만 자기에게 관심을 안 가져주면 강아지가 화장실이 아닌 곳에 오줌도 싸고 똥도 쌉니다. 그것도 사람이 잘 다니는 길목에다가요. 자기를 안 만져주면 시기하고 질투합니다. 반려동물마다 차이는 있겠지만 대개 감정의 센서가 예민합니다. 주인이 자신을 사랑해주는지 아닌지 다 압니다. 이 집의 대장이 누군지도 다 알고요. 반려동물이 사람에게 감정적 지지자가 되어주기도 하지만 자기를 돌봐주지 않으면 이렇게 해코지도 합니다.

어느 날 갑자기 삶의 반려동물이 찾아옵니다.

이 동물도 해코지를 합니다. 제 삶에는 디스크라는 반려동물이 찾아왔습니다. 허리 디스크는 평생 관리해야 하는 병입니다. 뼈가 금 가거나 부러지면 한두 달 치료하면 낫지만, 당뇨도 그렇고 암도 그렇고, 평생 친구처럼 지내야 하는 병이 많습니다. 나이가 들수록 혈압약, 비타민, 영양제 등 관리가 필요합니다.

사랑이가 이번 여름 장마 기간 동안 밖에 나가지 못하니까 제가 다니는 길목에다 오줌을 싸기 시작했습니다. 배변을 잘 가리던 친구였는데 말이죠. 꼭 제가 잘 다니는 곳에다만 오줌을 싸고 똥을 쌌습니다. 산책을 시켜달라는 시위였지요. 그래서 목줄을 채우고 산책을 나섰습니다. 그날 온 동네 강아지들이 다 산책 나온 것 같더군요. 어느 집이나 마찬가지였던 겁니다.

삶의 반려동물도 꾸준히 관심을 가져주지 않으면 삶을 어그러뜨립니다.

어느 날 우리 삶에 어떤 이유에 의해서든 존재론적 반려동물이 아니라 기능적 반려동물 역할을 하는 뭔가가 찾아올지 모릅니다. 허리 아픈 게 몇 개월이 지나도록 낫지 않으니 매우 짜증이 났습니다. 앉았다 일어날 때마다 허리에 있는 반려동물이 자신의 존재를 드러냅니다. 틈만 나면 스트레칭을 해줘야 하지요. 밥을 먹다가도, 걷다가도, 회의를 하다가도. 마치 이 동물이 자기를 챙겨달라고 말하는 것 같아요. 때가 되었으니 스트레칭해주세요. 때가 되었으니 약을 먹어주세요. 때가 되었으니 운동해주세요. 불편합니다. 이 동물을 갖다 버릴 수도 없고 키우긴 키워야 하는데, 쉽지가 않습니다.

당신 삶의 반려동물은 무엇인가요? 어느 날 삶에 반려동물이 찾아온다면, 또는 이미 찾아왔다면 어떻게 해야 할까요? 불편하니까 이 동물을 갖다 버릴까요? 그러면 유기견이 되겠죠. 그리고 다시 찾아올 겁니다. 더 망가진 모습으로요. 다른 질병과 함께 올지도 모르지요. 반드시 해코지를 하게 되어 있습니다. 가정이 깨질 수도 있고, 큰 병을 얻을 수도 있고, 직장에서 해고될 수도 있습니다.

저에게 찾아온 반려동물을 처음에는 관리대상으로만 생각했습니다. 하지만 제가 동물을 키우고 도움을 주는 것 같지만 이 동물이 나를 지켜내고 있다는 사실을 뒤늦게 깨달았습니다. 사랑이가 없었다면 저는 그렇게 자주 산책을 다니지 않았을 것입니다. 혜택은 결국 제가 보고 있었던 거지요.

당신 삶에 반려동물이 찾아왔다면, 귀한 손님으로 대해주십시오. 우리가 그 친구 때문에 삶의 산책과 운동을 했다면, 결국 그 반려동물이 우리를 좀 더 건강하게 만든 것입니다.

때로는 감당하기 힘든 반려동물이 찾아오기도 합니다.

"시각장애 4급 판정을 받았습니다. 살아 있는 동안 평생 가지고 가야 할 반려동물이겠지만, 쉴 새 없이 나락으로 떨어지는 마음을 어떻게 붙잡아야 할지 모르겠습니다."

디스크로 아프다고 짜증 내던 제 자신이 부끄럽게도 강연장을 찾은 한 여성분이 이런 질문을 하셨습니다. 답답함과 간절함이 깃든 목소리였습니다. 신앙으로, 가족의 사랑으로 힘든 시간을 버티고 있지만 순간순간 존재의 끈을 놓아버리고 싶은 생각이 들고, 안 그런 척 의연한 척하며 살지만 누군가에게 도움은커녕 짐이 되고 있다는 절망감이 자신을 무너뜨린다고 하셨습니다.

시력을 잃는 장애를 가진다는 것은 우리가 상상할 수도, 감당할 수도 없는 아픔입니다. 더불어 내가 가치를 두는 일들에서 멀어지는 삶은 또다른 아픔을 낳습니다.

"남편에게, 가족에게 가치 있고 의미 있는 사람이고 싶습니다. 그들에게 짐스러운 존재가 될까 두렵습니다."

그분의 말씀에 저는 먼저 필히 예리하게 칼로 경계를 그어야 할 것이 있다고 말씀드렸습니다. 타인에게 도움을 주고 의미 있는 일을 하지 못하면 내가 의미 없는 존재라고 생각하는 부분입니다.

도움을 주고 의미 있는 일을 하고, 그래야만 내 존재 가치가 있다고 생각하는 거죠. 크나큰 오류를 범하고 있는 겁니다. 그렇게 생각한다면 우리에게 '소중하다'는 것은 '쓸모 있다'는 뜻이 돼버립니다. 그런가요? 내가 쓸 만하지 않으면 가치가 없는 건가요? 쓸모가 없어지면 버려지고 치워져야 하는 존재인가요? 그런 생각은 의식적으로 칼로 잘라버리십시오. 우리의 사용 가치를 존재 가치로 생각하지 마십시오.

도움이 필요할 때는 너끈하게 도움을 받으세요.

그래도 괜찮습니다. '저 사람도 힘들 텐데'라고 상대방을 너무 생각하지 마세요. 지금은 좀 넘어지세요. 뒤에서 받아줄게요. 사람들에게 그 정도 마음은 다 있습니다. 그런데 뒤로 넘어지는데 몸에 힘을 잔뜩 주고 넘어지면, 뒤에서 받는 사람까지 다칠 수 있습니다. 힘을 최대한 빼고 넘어져야 합니다. 신앙이 있다면 절대적 존재에게 힘을 빼고 의지하세요. 사람이 양심이 있지, 어떻게 일일이 남에게 기대느냐고 생각하지 마세요. 그냥 비양심적이 되세요. 지금은 아이처럼 안겨야 할 때입니다. 신의 품에, 배우자의 품에, 삶의 품에 안기세요.

나락이, 벼랑 끝 같은 고통이 삶의 반려동물로 찾아올 때는 누군가를 책임지지 마시고, 누군가의 책임에 조금 얹혀 신세를 지십시오. 그리고 말하세요. 도와준 사람에게요. "고맙고, 미안해. 고맙고, 미안해. 지금은 내가 당신의 도움을 받을게, 기쁘게." 그러곤 아예 넘어지십시오. 새로운 세상이 보이기 시작할 것입니다.

힘들면 힘들다고 이야기하십시오. 계속 버티면 쉴 수도 없습니다. 부처님께 하든 하나님께 하든 동물에게 하든 나무에게 하든 힘들다고 말하십시오. 그렇게 하다 보면 힘이 생기고, 자기 자신과 대화가 되기 시작할 것입니다.

"너 힘드니?"

"어, 힘들어."

그렇게 해야 합니다. 그렇게 안 하면 사람이 죽습니다. 죽는 것보다 더 위험한 건, 살아 있는데 거지같이 사는 것입니다. 사람들이 자살을 생각하는 건 죽고 싶어서가 아닙니다. 내가 지금 살아가는 모습이 죽는 것보다 못하니까 죽어서 쉬고 싶은 겁니다. 죽어서 살고 싶은 것입니다. 결국 모두 살고 싶은 겁니다.

살고 싶어 하는 당신을 스스로 도와주십시오.

우리는 아직 살아 있기 때문에 살고 싶습니다. 법정 스님이 말씀하셨습니다. 물 위를 걷는 게 기적이 아니라 살아 숨 쉬는 순간의 연속이 기적이라고요. 그게 맞는 것 같습니다. 내 곁에 있는 이의 눈을 바라볼 수 있는, 숨이 들어오고 나가는 이 순간의 연속이 삶의 가장 큰 선물입니다.

위로하는 법

누군가 저에게 이런 이야기를 했습니다.

"선생님, 선생님은 아버지하고 그렇게 사이가 안 좋고, 아버지가 청
각장애가 있고, 부모님 사이가 좋지 않아서 오늘날 이런 강의를 할
수 있는 거예요."

물론 저도 그렇게 생각하는 부분이 있습니다. 위로를 해주신 거지요.
하지만 저는 개인적으로 그 위로를 받고 싶지 않았습니다. 위로가 되
지도 않았고요.

영화 〈밀양〉을 보신 분들은 기억하실 것입니다. 전도연이 아이 엄마
로 나오는데, 아이가 살해를 당합니다. 극도의 절망에 빠져 살던 전도
연이 가까스로 신앙의 끈을 붙잡지요. 그리고 아이를 살해한 살인범
을 용서해주기 위해 교도소를 찾아갑니다. 전도연을 돕는 역할로 나
오는 송강호는 굳이 거기 가서 뭘 용서를 하느냐, 그냥 마음으로 용
서하라고 하는데, 전도연은 꼭 그 사람을 보고 용서해주고 싶다는 거
예요. 그래서 갔더니 살인범의 얼굴이 너무 편안해져 있어요. 그리고
살인범이 이렇게 말합니다.

"하나님이 저를 용서해주셨기 때문에 저는 이제 괜찮습니다. 당신이 용서해주지 않아도 괜찮습니다. 이미 편안하게 잘 살고 있습니다."

그때 전도연이 확 돌아버리죠.

누군가 상처를 받고, 그 결핍이 에너지가 되어 건강하게 사는 바탕이 되기도 합니다. 저도 그 에너지를 많이 받았습니다. 하지만 위로한답시고 이렇게 말하지는 마십시오.

"너의 그 결핍이 오늘의 너를 낳은 거야."

타인의 결핍에 대해 함부로 말하지 마십시오. 그것은 위로가 아니라 상처에다 소금을 뿌리는 것과 같습니다. 위로는 이런 것이죠.

"너 그래서 얼마나 힘들었니."

그 공감의 마음으로 상처받은 이의 곁에 있어주는 게 위로입니다. 좋은 마음으로든 나쁜 마음으로든 우리는 가까운 이들에게 힘을 준답시고 그런 우를 범합니다. 진정한 위로는 마음을 알아주고 표현하는 겁니다. 해답이 필요한 것이 아닙니다. 감싸주세요. 그것이 위로입니다.

당신은 아무 일 없었던 사람보다 더 강합니다

주변에서 저에게 상담을 청하는 분이 많습니다. 사람과 일에 대한 상담을 주로 해오는데, 사람에 대한 상담은 이 사람과 결혼해도 괜찮겠는지, 혹은 이런 남자와 더 살아도 되는지에 대한 것입니다. 흔히 이런 이야기를 많이 합니다. '상대방의 환경이나 조건보다는 사랑이 더 중요하다.' 맞는 말입니다. 사랑하지 않는 사람과 결혼하면 불행합니다. 하지만 사랑하는 사람과 결혼했는데 그 사랑이 변했을 때도 참 아픕니다.

저는 허리가 오래 아프면서 배운 것이 있습니다. 디스크는 간단합니다. 디스크는 충격을 완충해주는 작용을 합니다. 말랑말랑한 충격 완충제인데, 이게 죽어서 척추에서 쑥 빠져나옵니다. 그러면서 그 뒤로 지나가는 신경을 누르는 거지요. 그래서 아픈 겁니다. 디스크는 회복이 잘 안 됩니다. 제 CT를 보면 척추 4번, 5번이 검정색입니다. 의사 세계의 말로는 죽었다고 표현한대요. 회복 불가능하다는 이야기지요. 디스크가 하나 죽는 데 보통 4년이 걸린답니다. 저는 두 개가 죽었으니 이미 8년 전에 죽기 시작한 거지요. 의사는 딱 잘라 말하더군요. "디스크는 회복되는 게 아닙니다. 관리하셔야 합니다." 마치 떠나간 사람의 마음처럼요. 떠나간 사람의 마음이 쉽사리 회복되던가요? 제가 보기엔 쉽게 회복되지 않습니다. 한 번 마음이 떠나면 다시 돌아오기가 쉽지 않습니다.

마음이 꼭 디스크 같아요.

디스크가 제 역할을 해줄 때는 충격을 잘 못 느낍니다. 완충 역할을 잘하니까요. 남녀 사이에 사랑이 있을 땐 상대방이 조금 늦어도 괜찮다고 해줍니다. "늦을 수도 있는 거지, 뭐" 하면서 웃어넘기지요. 왜냐하면 충격을 완화시켜주는 기능이 있으니까요. 엄마가 아이를 키울 때 마음의 디스크가 좋으면 아이들이 말썽을 피워도 괜찮아요. 그냥 넘겨줘요. "그래 괜찮아. 애들은 다 그렇게 크는 거야." 그러면 아이는 '우리 엄마는 참 너그럽구나' 하고 엄마를 보고 배우며 잘 성장합니다. 하지만 엄마 마음이 완충작용을 제대로 못할 때가 있어요. 예민해져서 아이들이 조금만 신경을 거슬리게 해도 화를 냅니다. "쏩-! 하지 마. 엄마가 하지 말라고 했지!" 이러면서 자꾸 방울뱀 소리를 냅니다. 쏩-! 쏩-!

마음의 디스크가 정상적일 때는 주변 사람들이 실수해도 유쾌하게 넘어갈 수 있는 힘이 생겨요. 그게 그렇게 힘들지도 않고요. 그런데 어느 날 마음의 디스크가 죽어가기 시작한 거예요. 경화硬化라고 하지요. 말랑말랑하던 마음의 디스크가 딱딱하게 굳어가며 죽기 시작한 거지요. 원인이 무엇인지는 콕 집어 말할 수 없습니다. 아마 여러 가지 이유가 있겠죠.

마음의 디스크가 딱딱해져 신경을 건드리기 시작합니다. 그래서 누가 조금만 뭐라고 해도 신경질이 나고 기분이 나쁩니다. 온몸이 아프고 기운도 없습니다. 남편이, 아내가 사소한 잔소리만 해도 화가 나요. 회사에서도 날카롭게 쏘아붙입니다. 충분히 유연하게 대처할 수 있는 문제도 경직되어 쉽게 넘어갈 수 없습니다. 오히려 문제를 키우기도 하지요. 마음의 디스크가 죽어서 자꾸 아프고 고통스럽고 짜증이 많아지니까 주변 사람들도 슬슬 받아주기 어려워하는 눈치입니다. 뭐 대단한 일을 한다고 저렇게 아프고 힘들다고 유난이냐며 비난하게 되지요.

살다 보니, 마음의 디스크가 죽어버렸습니다.

삶의 디스크가 죽기 시작했습니다. 통증이 느껴지기 시작합니다. 움직이기도 싫습니다. 열정과 사랑이라는 디스크는 식어버리고 죽어버려 웬만해서는 잘 살아나지 않습니다. 가만히 있어도 살기가 만만치 않습니다. 그런데 주변에서는 나를 가만두지 않고, 그러니 괜히 화가 나고 모든 것이 싫어집니다. 더 이상 희망을 꿈꾸지 않는 허무주의자가 되고,

사랑을 믿지 않는 염세주의자가 되어버려요. 사는 게 재미있다고 말하는 사람을 보면 이상하고 철이 없는, 세상을 제대로 모르는 사람이라고 생각되지요.

관리가 필요했던 겁니다.
몰랐을 뿐이죠.

디스크가 죽으면 다시 살리긴 어렵지만 디스크를 대신해 충격을 완화시킬 수 있는 방법이 있습니다. 디스크 주변 근육을 키우면 됩니다. 근육을 잘 훈련하고 키우면 평생 충격 없이 지낼 수도 있습니다.

그 주변 근육은 무엇으로 이루어졌을까요?

사람은 어려서부터 자신의 부모가 사는 모습, 그리고 부모가 자기를 대하는 모습을 수십 년간 봐왔습니다. 이것이 한 사람의 자존감을 형성합니다. 봐왔던 그대로 자기 자신을 대합니다. 오랫동안 봐왔기 때문에 그렇게 하는 것이 자연스럽고 편하거든요. 나 자신에 대한 감각이나 소중함이 거기에서 비롯됩니다. 이것을 벗어나기란 쉽지 않습니다.

"저는 부모님께 사랑을 받은 적도, 좋은 영향을 받은 적도 별로 없어요. 그럼 내 자존감은 이제 끝인 건가요?"

이렇게 물을 수도 있습니다. 걱정하지 마십시오. 본 적 없다고, 사랑을 받아본 적 없다고 평생 부모 원망하며 살 필요는 없습니다. 우리는 아직 죽지 않았습니다. 들을 수도 있고, 볼 수도 있습니다. 그러면 배워서 자존감을 키울 수 있습니다. 배우면 알게 될 것입니다. 이미 우리가 좋은 것들을 받았음에도 나쁜 것만 기억하려 했구나, 하는 사실을 말입니다.

인간의 시간이 천천히 흐를 때는 나에게 사랑이 다가올 때와 충격이 가해질 때입니다. 사랑하던 연인이 자주 입었던 셔츠의 패턴, 향기, 버릇, 이런 것은 오래 기억됩니다. 충격을 받았을 때는 더 강하게 기억합니다. 이런 일을 또다시 당하지 않기 위해 뇌가 저장하고 기억해서 뇌에 남아 있는 시간을 늘리는 것입니다. 다른 일보다 더 강하게 기억하려는 거지요. 그래서 인간은 아름다움보다 좌절과 충격, 아픔과 힘듦을 더 많이 기억합니다. 그리고 그걸 가지고 계속 과거를 원망하는 거지요. 그런데 우리, 언제까지 지나간 시간을 원망하고 있을 건가요? 언제까지 우리에게 상처 준 사람들을 원망하고, 그들에게 핑계를 돌리고, 그 핑계 뒤에 숨어 살 건가요? 내 소중한 삶을 그렇게 놓아두지 마세요. 우리의 소중한 삶을 위해서 더 이상 그렇게 하면 안 된다고 생각합니다.

디스크가 상했다면 우리는 근육을 키울 수 있습니다.

근육을 키우기 위해서는 스스로 움직여야 합니다. 근육을 키우겠다면서 정작 본인은 힘을 안 쓰고 누군가 내 몸을 눌러주고 만져주고 힘을 가해 치료해주길 바랍니다. 스스로 힘을 써야 합니다. 땀 나도록 힘을 써야 척추를 지탱하는 근육을 키울 수 있습니다. 어떤 분들은 항상 몸이 굳어 있다며 마사지 받기를 좋아합니다. 마사지는 그때만 시원합니다. 안 받는 것보다는 낫겠지만 추천하고 싶지는 않습니다. 차라리 조금 힘들더라도 스스로 힘을 써서 나의 온전한 치료를 위한 근육을 만드는 것을 추천하고 싶습니다. 그러면 사랑의 디스크가 조금 죽어도 우리 삶의 인격과 자존감이라는 주변 근육이 완충작용을 해줘 살아갈 수 있습니다. 그리고 그러다 보면 어느 날 기적처럼 사랑이 살아날 수도 있습니다.

미안하다, 사랑한다는 말은 아끼는 게 아닙니다.
어색하다고요? 어색할수록 힘이 센 말입니다.
이야기하고 받아들이면 괜찮아집니다.
그러면 아무 일 없던 사람보다 더 강해질 수 있습니다.
당신은 아무 일 없던 사람보다 더 강합니다.

아프면 아프다고 말하십시오

장애를 갖고 수영을 하는 친구가 있었습니다. 한쪽 다리가 의족이었
는데, 어린 시절 동네 친구들이 쇠로 된 다리를 막대기로 때린 적이
있습니다. 엄마가 너무 화가 나서 그 친구들을 찾아가 왜 그랬는지
물었더니 "쟤 다리는 쇠니까 안 아프잖아요" 하고 대답했습니다.
그 친구들에게 엄마는 지혜롭게 설명해주었습니다.
"아프진 않지만 얘가 놀랐잖니. 너희들이 다리를 때렸을 때 쇠니까
아프지는 않았을지언정, 무섭고 놀랐을 거야."

신체가 아프지 않아도 무섭고 놀랄 수는 있습니다. 그런데 우리는 몸
이 안 아프면, 피가 안 나면 우리에게 이상이 없다고 생각합니다. 아
이는 매우 무서웠고 놀랐고 외로웠을 텐데 말입니다.

여러분도 지금 아픈 곳은 없는지 스스로를 돌아보세요. 사지 멀쩡하
고 사람들 앞에서 잘 웃고 이야기한다고 "난 괜찮아" 하며 애써 외면
하고 있는 건 아닌지 돌아보세요. 오랜 유학생활을 하다 정신적으로
힘들어 휴학을 하고 제 강의를 찾아온 한 여학생이 기억납니다. 아파

서 약을 먹고 있다고 환하게 웃으며 이야기하는 그 친구를 보며 전 아파 보이지 않다고 말했습니다. 역시나 환하게 웃으며 "가면 우울증이에요"라고 말하더군요. 저는 그 친구가 사람들 앞에서 자신이 아프다고 이야기한 것 자체만으로도 곧 좋아질 거라 믿습니다.

우리는 쇠로 만들어진 것처럼 강해 아무리 맞아도 아프지 않을 수 있습니다. 하지만 놀라고 무섭고 외로울 순 있습니다. 세상을 이기려고 하거나 너무 힘든 판을 한 번에 뒤집으려 하지 않아도 좋을 것 같습니다. 한숨 돌리며 쉬고 나면 힘이 생길 것이고, 그때 다시 일어나면 됩니다. 그리고 힘이 들면 주변에 도와달라고 이야기해보세요. 그래야 나중에 누군가 나에게 도와달라고 말할 때 자연스럽게 그들을 안아주고 도울 수 있습니다.

나에겐 어떤 냄새가 나나요?

저와 동갑인 유명인 중에 박찬호 선수가 있습니다. 제가 학교 다닐 때 박찬호 선수는 저에게 열등감을 안겨주는 대표주자였습니다. 전 스물다섯 살에 대학에 입학했는데, 박찬호 선수는 스물다섯 살에 미국 메이저리그에 선발되었으니까요. 당시 찍었던 한 카드회사의 광고가 기억나는데, 박찬호 선수가 연미복을 입고 달려오면, 뒤에서 웨딩드레스를 입은 여성들이 박찬호 선수를 잡으려고 뒤따라오는 거였어요. 그때 저는 그 카드회사에서 하루 두세 번씩 연체된 카드대금 납부하라는 전화를 받고 있었거든요. 속으로 그런 생각이 들더군요. 나랑 동갑인 저 사람은 미국에서 잘나가고 키도 크고 잘생기고 돈도 잘 벌고 여자들이 정말 최고로 좋아하는 신랑감인데, 나는 도대체 뭐지?

최근 우연히 박찬호 선수와 같은 강연 무대에 서게 되었습니다. 영광이었지요. 그래서 강연이 끝나면 보통 자리를 뜨는데, 그날은 남아서 박찬호 선수가 강연하는 것을 들었습니다. 끝나고 그의 사인을 받고 싶었던 건데 그의 강연을 들으면서 배운 것이 참 많았습니다. 그 얘기를 들려드릴까 합니다.

박찬호 선수가 1994년 미국 메이저리그에 처음 데뷔했을 때 인종차별을 많이 당했다고 합니다. 외국에서 살아본 분은 알겠지만 엄청나게 돈이 많거나 엄청나게 언어를 잘하는 게 아니면 무시당하기 십상입니다. 게다가 당시 한국인 최초로 메이저리그에 입단한 거니 정도가 심했겠지요.

하루는 스페인 선수가 씹고 있던 껌을 박찬호 선수에게 뱉었다고 합니다. 가만히 있을 수 없었겠죠. 락커룸에서 싸움이 일어났습니다. 결국 감독 방에 불려가 해명을 하려는데, 영어를 못하니 그 선수가 자신에게 껌을 뱉었다는 말을 못 한 거예요. 의사소통이 안 되니까 너무 억울해서 스페인 선수를 가리키면서 "배드보이 배드보이!"를 다섯 번 외쳤대요. 자기 혼자 패널티를 먹고 출전 정지까지 당했답니다.

박찬호 선수는 그날 너무 서러워 고향으로 돌아가려고 마음을 먹었다고 합니다. 그래서 한국에 계신 어머니께 그만하고 집으로 가겠다고 말씀드리려 전화를 했는데, 어머니가 "밥은 잘 맞니? 선수들이 너한테 잘해주니? 감독님은 잘해줘? 적응할 만하니?"라고 물으시고, 옆에서 식구들은 "찬호야? 찬호? 잘 지낸대?"라고 물으니, 차마 돌아가겠다는 말이 입에서 떨어지지 않았대요. 선수들도, 감독님도 다 잘해준다고 안심시켜드릴 수밖에 없었지요. 전화를 끊고 생각했다고 합니다. 왜 외국 선수들이 자기를 싫어하는지.

봤더니, 네 몸에서 냄새가 난다는 겁니다.

마늘 냄새, 김치 냄새가 외국 선수들에게는 너무 독했던 거예요. 그런데 아무리 맡아봐도 자기 몸에서는 냄새가 안 나거든요. 박찬호 선수는 이렇게 살아선 안 되겠다며 두 가지를 했다고 합니다.

원래 박찬호 선수는 경기가 안 풀리고 스트레스를 받으면 맛있는 한국 음식을 배불리 먹었다고 합니다. 고된 하루를 보내고 숙소로 돌아와 냉장고를 활짝 열어 한국에 계신 어머니가 보내준 장아찌와 무말랭이, 신김치, 마늘, 라면을 배불리 먹는 게 유일한 행복이었다고 해요. 그런데 그날 냉장고에 있는 모든 한국 음식을 버렸다고 합니다. 그리고 마트에 가서 치즈, 햄, 스파게티 등을 잔뜩 사서 토가 나올 때까지 먹었다고 해요. 그렇게 계속 먹으니까 점차 외국 선수들이 냄새 난다는 소리를 하지 않더랍니다.

그리고 두 번째로, 이전에는 항상 통역사와 같이 다녔는데 이러다간 영영 외국 선수들과 대화를 하지 못할 것 같아 통역사 없이 의사소통을 시도했다고 합니다. 일단 영어를 못하니까 무조건 다른 선수들에게 "하와유?"라고 말을 걸기 시작했대요. 여자 골퍼 박인비 선수는 마지막 타를 일부러 실수한 적이 있다고 합니다. 우승하면 전 세계 취재진들이 와서 인터뷰를 요청하는데 그게 두려워서 마지막 타를 일부러 잘못 친 거죠. 얼마나 무섭겠어요. 알아듣지 못하는 것에 대한 두려움. 박찬호 선수도 마찬가지로 두려웠지만, 일단 뒷일은 신경 쓰지 않고 무조건 인사를 했다고 해요. 예전에는 락커룸에서 말 한마디 하지 않았는데, 이젠 눈이 마주치는 선수마다 "하와유?" 하고 인사하고, 감독 방에도 먼저 찾아가 인사하며 열심히 영어를 배웠다고 합니다. 그때 알았다고 합니다.

사람들이 자신을 싫어한 것이 아니라, 단지 자신의 몸에서 나는 냄새를 싫어했다는 것을요.

사람들이 우리를 미워하고 싫어하는 것 같다는 생각이 들 때가 있는데, 우리는 그때 사람들이 우리 존재를 싫어한다고 생각해요. 그런데 사람들은 우리 몸에서 나는 냄새를 싫어한 것뿐입니다. 그런데 그 냄새는 어디에서 비롯되었을까요? 잘 모르겠다면 방귀를 한번 생각해보세요. 방귀 냄새는 먹은 음식에서 시작됩니다. 사람의 냄새는 원래 그 사람의 냄새도 있겠지만 주로 먹은 음식의 영향을 받습니다. 채소를 먹으면 냄새가 적지만 고구마, 달걀, 고기를 먹으면 냄새가 고약해지지요.

우리는 입으로만 먹는 게 아니라 눈으로도 먹고 귀로도 먹습니다. 슬픈 장면을 너무 많이 본 사람은 그 사람 몸에서 슬픈 냄새가 납니다. 좋은 음악과 책을 많이 먹은 사람에게는 좋은 향이 납니다. 사람은 눈으로, 코로, 피부로, 입으로 먹습니다. 그렇게 먹은 것들로 인해 냄새가 납니다. 그리고 사람들은 나의 목소리, 표정, 행동에서 내 냄새를 맡습니다. 내가 행동하고, 말하고, 생각하는 방식을 남들이 더 잘 알고 있습니다. 단지 말하지 않을 뿐입니다.

이걸 기억해주세요. 사람들이 나를 싫어한다면 내 존재를 싫어하는 것이 아니라 내 몸에서 나는 냄새가 익숙하지 않은 것뿐이라는 사실을요. 그리고 생각해보십시오.

내 삶은 그동안 무엇을 먹었나?
내가 본 책은 무엇이고,
내가 들은 소리는 무엇이고,
내가 본 영상은 무엇인가?
나는 그간 사람들을 어떻게 대해왔나?
그것이 모두 모여 내 냄새를 만들었습니다.

마찬가지로 어떤 사람에게서 나는 냄새를 그 사람의 존재라고 생각하지 마십시오. 그걸 분리해서 생각해야 합니다. 분리하는 능력이 생길 때 비로소 어른이 됩니다.

부모님들께

진한 향수를 뿌리는 사람이 있지요. 이런 사람을 만나면 대부분 불쾌
해합니다. 반면 아련한 향이 나는 사람이 있습니다. 비누의 잔향이 나
는 사람. 사람과 사람 사이에 적당한 거리가 있을 때 슬며시 나는 비
누 향이 가장 좋은 느낌을 준다고 합니다. 여기서 중요한 것은 '적당
한 거리'가 아닐까 합니다. 아무리 좋은 향이 나는 사람도 너무 가까
이에 있으면 악취가 됩니다.

조금 멀어져 내 향을 좋게 하는 것도 방법입니다.
멀어짐으로써 우리는 더 가까워질 수 있습니다.

향은 거리에 따라 느낌이 다르거든요. 자녀가 고등학생, 대학생이 되
어서 부모와 거리를 두려고 하면, 그들의 공간을 내주십시오. 그것이
자녀와 더 가까워지는 방법입니다. 가까워지려고 부모가 애쓰면 애
쓸수록 자녀는 더 안으로 들어가 버릴 겁니다. 멀어질 겁니다. 방문을
잠그는 습관이 생길 겁니다. 전에는 그냥 듣던 음악을 헤드폰 끼고
들을 겁니다.

좀 놔두십시오. 그래야 돌아오죠. 움켜쥐면 폭발할지도 모릅니다. 내 몸에서 나는 냄새는 나만 모르고, 거리 측정은 나만 못 합니다.

자녀가 어느 정도 성장하면, 이미 독립된 성의 성주입니다. 그들의 공간을 인정해주세요. 자기 아이를 가장 모르는 사람이 부모일 때가 많습니다. 섬을 떠나 봐야 섬이 보입니다. 자녀를 믿고 그들의 땅을 떼어주십시오. 성주로 인정해주십시오.

그리고 기다려주십시오

사람은 각각 다른 물질입니다. 그래서 끓는 온도가 다릅니다. 누구는 100도에 끓고, 누구는 200도에 끓어오릅니다. 또 누구는 70, 80도면 끓기 시작합니다. 가슴이 끓어오르는 화학적 지점은 사람마다 다릅니다. 그 끓는점은 누가 임의로 바꿀 수 있는 것이 아닙니다. 내 끓는점을 다른 사람에게 강요할 수도 없습니다. 가끔 내 아이의 끓는점이 너무 높아서 속 타는 부모가 있습니다. 뭘 해도 미적지근하게 구는 자식이 답답스럽지요. 자식의 끓는점을 내 마음대로 할 순 없지만 이렇게는 할 수 있습니다.

십자가 정신이란 게 있습니다. 십자가를 모르는 사람들에게 십자가를 들이대면서 "이게 십자가니까 믿어!" 이러는 게 아닙니다. 십자가를 아는 자가 십자가를 모르는 자를 위해서 십자가에 매달려 죽는 것이 십자가 정신입니다. 그때 모르던 자들이 매달린 성자를 보고 십자가 정신을 알게 됩니다. 아는 자가 모르는 자를 위해서 죽는 것이 그것을 알게 하는 유일한 방법이라는 것입니다. 그런데 부모는 자꾸 얘기합니다. "너 왜 그걸 모르니? 나는 너무너무 답답해. 내 심장이 터져버릴 것 같아." 아마 자식의 마음은 벌써 터져버렸을지도 모릅니다. 부모가 된다는 것은 아이보다 더 똑똑해지는 것이 아니라 아는데도 모르는 척 기다릴 수 있는 것이라고 합니다. 기다려주세요. 아이가 배웠으면 싶은 대로 살면서요. 그러면 아이는 당신을 보고 배울 것입니다. 틀림없이요.

모니터스피커가 필요한 사람

음향 컨설턴트라는 직업이 있습니다. 방송, 공연 관련 건물이나 공간이 만들어질 때 음향기기 등 소리 관련 컨설팅을 해주는 일이지요. 음향 컨설턴트 한 분과 '소리'에 대한 이야기를 나눈 적이 있습니다. 저도 소리에 관심이 있으니 배울 점이 많더군요. 그래서 물었습니다.

"선생님, 음향을 조화롭게 한다는 건 사람 사이 관계 맺기와도 유사한 것 같습니다. 음향 컨설팅을 할 때 중요하게 생각하는 부분을 몇 가지만 말씀해주십시오."

세 가지를 말씀하시더군요.

첫째로, 컨설팅의 시작은 공간을 파악하는 일이라고 합니다. 컨설팅할 건물에 들어가면 가장 먼저 하는 일이 홀 안에 들어가 박수를 쳐보는 거래요. 소리를 내보는 거죠. '짝!' 하고 소리가 퍼져나가는 느낌을 파악해 공간에 맞는 음향을 체크한다고 합니다. 이 공간이 기본적인 울림이 있는 공간인지 없는 공간인지 그 정도를 가늠하는 거지요.

둘째로, 공간에 적합한 음향시스템을 정하는 거라고 합니다. 나쁜 컨설팅 업체는 클라이언트에게 "무조건 최고급 장비로 설치해야 합니다"라고 얘기한대요. 값비싼 스피커 시스템만 추천하는 거지요. 그런데 그분은 합리적인 금액으로 최대의 효과를 볼 수 있는 방법을 추천한다고 합니다. 중요한 건 비용이 아니라 그 공간에 적합한 음향시스템을 선택하는 거지요. 공간의 특성, 공간의 용도에 맞춰 컨설팅을 하는 겁니다. 주로 노래를 부르는 공간인지, 악기를 연주하는 공간인지, 강연을 하는 공간인지에 따라서 중요한 조정이 이루어집니다.

마지막으로, 반드시 모니터스피커를 만든다고 합니다. 원래 스피커는 관중 쪽으로 놓여 있습니다. 그런데 모니터스피커는 말하는 사람 방향으로 두 개에서 네 개의 스피커를 돌려두는 것을 말합니다. 가수나 강연자를 위한 스피커이지요. 그렇게 두면 말하는 사람과 듣는 사람이 같은 소리를 들을 수 있습니다. 이게 없으면 말하는 사람이 듣는 소리와 관객이 듣는 소리가 달라집니다. 모니터스피커가 있으면 들리는 정도를 파악해서 같은 볼륨으로 들을 수 있도록 조정하지요. 말하는 사람에게 작게 들리면 볼륨을 키워 관객에게 잘 전달되도록 조절할 수 있습니다.

소리와 삶도 참 유사합니다.

한동안 병원에 입원한 적이 있습니다. 처음에는 3인실을 썼습니다. 그런데 돈을 더 써서라도 바꿔야겠다는 생각이 들더군요. 다른 환자들, 그들의 보호자, 간병인 분들 과거사까지 다 알게 되더라고요. 저는 편안하게 쉬고 싶은데, 옆 침대 간병인 아주머니가 자기가 나온 고등학교 얘기부터 시작해서 자기 어머니의 파란만장한 인생스토리까지 끝도 없이 이야기를 하고 계십니다. 제 바로 뒤에 계신 전라도에서 사업하시는 사장님의 사업 규모까지 알게 되더군요. 그러니 쉴 수가 없는 겁니다. 과한 거지요. 사람이 소리로 인해 짜증이 나고 화가 나는 순간이 있습니다.

나에게 꼭 맞는 사람을 찾는 건 웬만한 행운으로는 어렵습니다.

유럽의 좋은 성당은 성당을 짓기 전에 먼저 파이프 오르간을 만듭니다. 그리고 그 오르간의 규모와 소리에 맞춰 건물을 짓습니다. 음향이 중요하니까요. 관계도 마찬가지입니다. 나에게 꼭 맞는 사람이 있으면 좋겠지요? 그런 사람 만나는 것은 굉장한 행운입니다. 사실 거의 대부분의 사람들이 잘 맞지 않습니다. 어떻게 서로 다른 우주가 딱 들어맞을 수 있겠어요. 사랑해서 만났지만 서로 맞지 않아 헤어집니다.

결혼이 힘든 이유는 내가 보고 싶어 하지 않는 내 모습을 결혼이라는 제도가 자꾸 보게 하기 때문이라고 생각합니다. 평생 내가 안 봐도 될 모습이 있습니다. 평생 보고 싶지 않은 내 모습이죠. 그런데 배우자가, 그리고 나를 닮은 내 아이가 보고 싶지 않은 내 모난 모습을 자꾸 드러나게 만드는 것입니다.

우리는 거울을 미워하는 게 아닙니다. 거울에 비친 내 모습이 용납되지 않는 것입니다. 그래서 거울을 깨버리고 싶어 하고 실제로 깨기도 하지요. 그러곤 새로운 거울을 얻거나 죽을 때까지 거울을 보고 싶어 하지 않습니다. 우리는 거울이 보고 싶지 않은 걸까요, 거울에 비친 내 모습이 보고 싶지 않은 걸까요?

내 오르간에 맞는 건물을 짓는 것은, 그런 인연을 만나는 것은 극소수의 행운이 있는 사람이 아니고는 어렵습니다.

삶에도 모니터스피커가 있으면 참 좋겠습니다.

목소리를 녹음해서 들어보면, 평상시 내 목소리 같지 않고 이상하게 들립니다. 그런데 다른 사람들은 녹음된 소리가 내 목소리랑 똑같다고 말합니다. 내가 나라고 인식하는 것, 남들이 나라고 인식하는 것 사이에는 차이가 있습니다. 성악을 잘 못하는 사람은 자기 목소리를 계속 들으려고 합니다. 그러면 소리는 나가지 않고 자기 안에 머뭅니다. 실력은 늘지 않고 겉멋만 늡니다.

삶의 모니터스피커가 있어 자기 자신이 어떻게 말하고 어떻게 행동하는지 보고 들을 수 있는 기회를 갖는 건, 그렇게 자기 볼륨을 조절할 수 있는 건, 인생에서 매우 소중한 기회입니다.

'아, 우리 직원이 나에게 하고 싶은 말이 있었는데 못 한 거였구나', '남편이 내게 하고 싶은 말이 있었는데 내 말만 하느라고 못 들은 거였구나', '엄마, 왜 이렇게 볼륨을 세게 하세요. 너무 시끄러워요. 우리 아이가 이렇게 말하고 있는 걸 몰랐구나' 나를 둘러싼 관계들이 나에게 하는 이야기를 알아들을 수 있으면 좋겠습니다.

우리는 왜 좋은 곳을 여행하고 좋은 책을 찾아보고 좋은 강연을 듣고 좋은 사람을 만나려 할까요? 내가 어떻게 살아가고 있는지 모니터하고 싶어서 그런 것입니다. 책과 강연을 보며 '아, 이게 내 모습이고, 내가 이런 걸 놓치고 살았구나' 알게 되고, 낯선 곳을 여행하고 좋은 사람을 만나며 '아, 이렇게 살아야 하는 거구나' 하고 깨닫게 되는 것입니다.

저에게도 그런 모니터스피커가 있습니다. 그분은 제 성악 지도 교수님입니다. 전 열등감도 많고, 잘 하는 게 별로 없었기 때문에 처음 강의를 시작했을 때 기업 강연을 가면 마치 제가 그 기업을 상대로 전쟁을 하고 이기고 돌아온 장수 같았습니다. 그래서 유명한 기업에 강연을 갔다 오면 교수님께 자랑을 했습니다.

"교수님, 이 회사에서 저를 부르더라고요. 그 외국계 회사 아시죠? 그 회사에서 저를 불렀다니까요."

그러면 교수님은 이렇게 말씀하셨습니다.

"어, 그래, 창옥이, 좋은 일이야. 그런데 네가 흘러야 돼. 네가 흐르지 않고 남에게 얘기하는 건 거짓말이야. 남들은 너의 거짓말을 듣고 잘될 수도 있는데 너는 너를 계속 속이는 거야."

그런 말씀이 저에게 거울이 되고 모니터스피커가 되었습니다. 그러면서 알게 되었죠. '나는 왜 이렇게 자랑을 하고 다닐까?' 그리고 그 이유도 알게 되었습니다.

사람이 자랑을 하는 가장 큰 이유는 무엇일까요? 나 자신을 알아달라, 인정해달라는 몸짓입니다. 내가 내세울 게 별로 없으면 자식 자랑을 합니다. 우리 딸이 이번에 어느 대학에 들어갔다, 우리 아들이 이번에 어디에 취직했다 등등요. '이렇게 훌륭한 아이의 엄마인 내가 얼마나 훌륭한지 알아줘'라고 말하는 것과 같지요. 그 말을 자세히 들여다보면 결국 이런 뜻입니다. '그러니까 내가 소중한 사람이라고 얘기해줘. 그러니까 내가 너희에게 사랑받고 존중받을 만한 존재라는 것을 알아줘. 나 여기에 있어. 내가 하는 행동에 반응해줘. 나는 너무 외로워.'

우리는 외롭습니다.
그런데 사람은 혼자 있어서 외로운 것이 아니라
홀로 서지 못해서 외롭다고 했습니다.
홀로 서면 더불어 지낼 수도 있습니다.
남의 공간도 지켜줄 수 있습니다.

**모니터스피커는 돈이 많을수록, 권력이 있을수록,
고집이 셀수록, 남의 말을 안 들을수록 필요합니다.**

우리가 그런 성향의 사람이라면, 그리고 나이가 꽤나 들었다면, 이제 내 얘기에 감히 토달 만한 사람이 없다고 생각한다면 특별히 더 모니터스피커를 만들어야 합니다.

앞서 말했듯 음향 전문가가 그랬습니다. 꼭 최고급 모니터스피커가 필요한 것은 아닙니다. 많은 돈을 들이지 않고도 지금 가지고 있는 음향 시스템에서 방향을 바꾸거나 조금 조정을 하면 지금보다 훨씬 괜찮은 삶의 소리를 낼 수 있습니다. 대단한 돈과 대단한 노력을 들여서 있는 건물을 부수고 내 악기에 딱 맞는 새 건물을 지으려 하지 마십시오. 갑자기 내 주변 사람들을 변화시킬 수는 없습니다.

먼저 자신의 공간에 들어가 자신의 음향을 체크해보세요.
그리고 적정한 볼륨을 찾아보십시오.
적정한 거리, 적정한 소리가 아름다운 법입니다.
상대를 변화시키는 것보다 그것이
우리가 먼저 해봐야 할 일이라고 생각합니다.

구원받아야 할 사람은 누구인가요?

사회복지사인 한 여성이 자신은 항상 안돼 보이는 사람을 만났다고 고백했습니다. 안쓰러운 사람을 보면, 자신이 더 나은 삶을 살도록 도와주고 싶은 마음이 들어서 만났다고 합니다. 결혼도 자신과 어울리지 않는 사람과 해서 결국 이혼을 선택했다고 합니다. 어떻게 하면 좋은 사람을 만날 수 있을지 조언을 구하더군요.

어떤 상황에 길들여진다는 것은, 그 상황을 힘들어하고 싫어하지만 익숙해졌다는 뜻입니다. 어쩌면 그분은 '안돼 보이는 사람을 도와주는 상황'에 익숙해졌을지 모릅니다. 그래서 본인은 새롭고 좋고 힘 있고 밝은 것을 원하지만 왠지 어색한 거지요. 그런 사람이 막상 내 남자친구가 되거나 남편이 되는 건 뭔가 어색합니다. 왜냐하면 늘 힘들고 도움이 필요한 사람 곁에 있는 것에 익숙해져 있거든요.

길들여짐에서 탈출할 필요가 있습니다.

오래 만나야 하는 관계의 핵심은 편안함입니다. 배우자가 큰 돈을 벌어오지 못해도 함께 있을 때 편안하다고 느낀다면, 그 사람과 함께여도 괜찮습니다. 길들여짐에서 탈출할 때는 어색한 중간 지대가 있습니다. 그 중간 지대를 지나 자연스러운 단계로 가야 합니다. 진짜 구원해야 할 사람은 남편이나 아내가 아닙니다. 아시겠지만, 그 사람 구원할 수 있었나요? 없습니다. 인간이 누구를 구원할 수는 없습니다. 다만 구원의 도구가 될 수는 있습니다. 누군가를 내가 구원해줘야 한다는 착각인 메시아 콤플렉스는 대개 과거에서 비롯됩니다. 누군가를 구원하려 하지 말고, 메시아 콤플렉스를 갖게 한 과거의 힘들었던 자신을 감싸 안아주세요.

진짜 구원받아야 할 사람은
자기 자신입니다.

긴장하지 말라는 말에 더 긴장될 때

강의를 하는 도중에 극심한 허리통증이 찾아왔습니다. 통제가 안 되는 통증이었습니다. 무대에서 고꾸라질 것 같았지만 천 명 앞에서 하는 강의였기에 미동도 하지 않고 꼿꼿하게 서서 천신만고 끝에 강의를 마쳤습니다. 그러고는 그대로 병원으로 실려 갔습니다. 유명하다는 한방병원에 도착해 의사를 만났는데, 너무 아프니까 아무 소리도 안 들리더군요. 딱 한마디만 들렸습니다.

"긴장하지 마세요."

그런데 이 '긴장하지 마세요'가 더 긴장하게 만들더라고요. 왜냐하면 선생님이 이렇게 말했거든요. "긴장하지 마세요. 대침 들어갑니다." 손바닥 길이만 한 대침이 허리에 들어온다는데 긴장하지 말라니요. 바늘

163

이 닿자마자 무의식적으로 몸이 움찔하며 긴장하더군요. "긴장하지 마시라니까요. 긴장하면 침 안 들어갑니다." 아니, 자기가 다 긴장하게 만들어놓고 긴장하지 말라고 하면 그게 되겠습니까?

사람 사이도 그렇습니다. 부부가 서로에게, 부모가 자식에게, 사장이 직원에게, 친구끼리, 연인끼리 긴장하지 않게 만들어주는 것이 아니라, 서로가 서로에게 긴장하지 말라고만 이야기합니다.

자기 자신에게도 '긴장하지 마. 겁먹지 마.' 이러면서 되레 겁먹게 만듭니다.

침을 맞고도 너무 아파서 진통제를 놔달라고 했습니다. 그런데 양방 병원이 6시에 퇴근했기 때문에 진통제가 없다는 겁니다. 내일 담당직원이 출근할 때까지 진통제를 줄 수 없대요. 이게 말이 됩니까? 담당직원이 퇴근하면 진통이 멈추나요? 진통제를 놔달라고요!

결국 아는 분이 소개해준 병원으로 바로 옮겼습니다. 그 병원의 의사 선생님을 보는 순간 '아, 이런 모습이야말로 정말 좋은 의사의 모습이구나' 싶더군요. 이전 병원에서는 제 얼굴도 안 쳐다보고 계속 긴장하지 말라는 말만 했거든요. 그런데 이곳 의사 선생님은 저를 바라보며 "어? 병원에서 보면 안 되는 분인데, 에휴, 어떻게 여길 오셨어요?" 하시더군요. 허리가 아프다고 하니 안쓰럽다는 표정으로 "아이고, 그러세요. 제가 도와드릴게요"라고 하십니다. 마음이 편안해지며 긴장이 풀리더군요. 제 허리 사진을 보여주며 자세한 설명도 해주었고요. 어디가 문제고 무엇이 문제인지를요. 그러고는 덧붙였습니다.

"걱정하지 마십시오. 치료할 수 있습니다. 그러니 마음 놓으세요."

그분은 이런 이야기를 하시더군요.

"제 통증 환자의 30퍼센트는 우울증입니다. 통증은 결국 뇌에서 감지하는 건데, 마음이 우울하면 통증은 곱하기가 됩니다."

마음과 몸이 순환하지 않으면 병이 잘 낫지 않고 고통이 배가 되기 때문에 그 의사 선생님은 환자들에게 책 두 권을 직접 사서 주고 있더군요. 틱낫한 스님의 《화》라는 책과 어느 정신과 의사가 쓴 《30년 만의 휴식》이라는 책이었습니다. 저에게도 그 두 권의 책을 주며 "제가 선생님 책을 환자들에게 선물해도 되겠습니까?" 하시더군요. 전 통증이 시작된 이후 처음으로 웃으며 외쳤습니다. "굿 아이디어!"

다음 날 CT 촬영을 하며 주사를 놓는 시술을 했습니다. 사실 한방병원에서 대침 맞는 것보다 더 무서운 상황이었습니다. 하지만 그분의 태도는 달랐습니다. "선생님, 마취해서 주사를 놓을 겁니다. 별로 안 아픕니다." 그러다 제가 또 겁먹은 것 같으면 "선생님, 마취를 합니다. 못 깨어나실 수도 있는데요, 그러면 새로운 삶이죠. 하하하. 선생님, 마취, 조금 따끔합니다. 별로 아프진 않습니다. 단지 마취액을 넣을 때 신경을 타고 뻑적지근합니다. 뻑적지근하면 아프다고 손을 살짝 들어주십시오." 이렇게 친절하게 설명하며 안심시켜주었습니다. 또 때에 맞춰 질문하십니다. "선생님, 뻑적지근하신가요? 괜찮으세요?" 솔직히 좀 아팠습니다. 그런데 그분 말에 마음이 풀려서 "괜찮습니다"라는 말이 나왔습니다. 시술이 끝나니 "선생님, 잘 참으셨습니다"라는 작은 토닥임도 잊지 않으십니다. 회복실에서 이런 말씀을 하시더군요.

"선생님, 몸이 파업한 겁니다. 몸이 너무 힘들어서요. 몸도 빌려 쓰는 거니까 잘 좀 관리해주십시오. 그러면 조만간 건강해지실 겁니다."

어느 순간 힘든 날이 찾아옵니다. 누군가의 위로가 필요한 날이 오지요. 그럴 때 반응하는 방식이 두 가지가 있습니다.

긴장하지 말라고 말하면서 사람을 더 긴장시키는 경우가 있고, 긴장하지 말라는 말은 굳이 하지 않지만 긴장을 풀어주는 경우가 있습니다.

당신은 어떤 스타일인가요? 힘든 상황에서 긴장하지 말아야 주사도 잘 들어오고, 치료도 잘됩니다. 우리를 긴장하지 않게 하는 것은 무엇일까요? 그것은 마음으로 시작해서 시선으로 나오는 스킨십이겠죠. 우리가 경계해야 할 것은 각 분야의 전문가입니다. 하루 이틀 장사한 게 아니라고 말하는 전문가들을 경계해야 합니다. '나 벌써 엄마 역할 몇 년째야', '나 벌써 사업 몇 년째야' 하면서 '꾼'이 돼버리면 마음의 시선이 끊어집니다. 제가 경계하는 것도 그것입니다. "쟤는 이제 강의하는 꾼이구나. 시스템이 됐네. 쟤는 이제 마음도 없고 시선도 없구나. 쟤는 기술로 장사를 하는구나"라고 평가받는 것입니다. '꾼'이 되면 아무리 좋은 말을 해도 사람들이 진심으로 받아들이지 않습니다. '꾼'이 되어 누군가를 가르치려 하면 사람들은 경직될 뿐입니다.

프로는 돼야 하지만 꾼이 되어선 안 됩니다.

166

약간은 촌스러워도, 약간은 부끄러워도, 약간은 떨어도 그것이 설렘을 낮게 하는 좋은 지점입니다. 너무 매끈하지 않았으면 좋겠습니다. 노련해지되 꾼은 되지 마십시오. 진심이 담긴 시선이 사람의 긴장을 풀어주고 이완해주고 좋은 치료를 가능케 하는 시작이 됩니다.

우리가 웃고 즐거워하는 순간에도 여전히 세상에는 아프고 힘들고 고통스러워하는 사람이 많습니다. 시간과 여유가 된다면 우리가 버는 수입의 아주 조그마한 부분을 여전히 고통받고 있는 분들을 위해 나누었으면 좋겠습니다. 신앙이 있든 없든, 그것은 자기 자신은 물론 함께 사는 사람들을 위해서도 필요합니다. 우리가 행복하고 건강할 때 아프고 힘든 사람이 있으니까요.

삶의 중심으로 이사 가세요

사람은 자기중심을 찾아 이사를 합니다. 제가 했던 최초의 이사는 성악을 공부하기 위해 서울로 올라왔을 때입니다. 고시원이었죠. 방세가 한 달에 10만 원 정도였습니다. 고시원에서 석 달만 살면 제정신으로 지내기 어렵습니다. 한 평 남짓한 작은 방에 책상 위로 의자를 올려놓아야 그 아래에서 잘 수 있습니다. 창문은 물론 없지요. 옆방 사람 코 고는 소리까지 다 들리는 곳입니다. 제가 그 좁은 방에서 견딜 수 있었던 이유는 제 중심을 찾아 이사 왔기 때문입니다. 성악을 하기 위해서요. 제주도에서 알던 분이 소개해준 성악 선생님께 배우기 위해서요. 저는 그분을 통해 태어나서 처음으로 열정이라는 걸 보게 됐습니다.

열정. 사람이 말로 글로 배우는 것과 실존을 보는 것은 천지차이입니다. 실존을 못 본 사람이 자꾸 말로 글로 실존에 대해 공부하다 보면 오히려 실존에서 더 멀어질 뿐입니다. 사랑과 신뢰를 배우고 싶은 사람이 있다고 해봅시다. 그런데 한 번도 누군가 그 사람을 온전히 믿어준 적도 없고 온전히 사랑해준 적도 없는데 자꾸 믿음, 사랑에 대한 책만 읽습니다. '연탄재 함부로 차지 마라. 너는 누구에게 한 번이라도 뜨거운 사람이었느냐'라는 좋은 시만 외우고 다닙니다. 머리에 든 것만 많아지는 것입니다. 실존을 못 보는 거죠. 머리만 커지고 몸은 가늘어집니다.

우리가 삶에 대해 공부하는 이유는 그것을 배워 자기 삶에서 실험하기 위함입니다. 요즘은 배고파서 죽는 사람보다 비만으로 죽는 사람이 더 많습니다. 우리는 점차 비대해져 갈 뿐 진정한 영양분은 흡수하지 못하고 있습니다. 저는 그 선생님의 가르침에서 열정의 실존을 봤습니다. 마음에 이런 생각이 떠오르더군요. '아, 이사를 와야겠다!'

최근에 이사한 적 있나요?
당신은 무슨 목적으로 이사했나요?

엄마들은 학군 때문에 이사를 합니다. 좋은 학교에 가서 좋은 교육을 받고 좋은 친구를 사귀어야 내 아이가 잘될 거라는 생각에서죠. 젊은 사람들일수록 경제 중심, 교육 중심으로 이사를 가고 나이 드신 분들은 조용하고 자연이 있는 시골이나 외곽으로 이사를 갑니다.

그런데 우리는 우리 중심으로 이사하고 있나요? 자기 중심이 있어야 합니다. 중심이 없으면 이슈가 나타날 때마다 쏠립니다. 흔들립니다. 번 번이 생각이 바뀝니다. 이 사람이 뭐라고 하면 '아 그런 건가?', 저 사람 이 뭐라고 하면 '아 저런 건가?' 합니다. 나도 힘들고 주변 사람 또한 힘 들게 합니다. 반면 중심이 있는 사람은 매력적입니다. 세상 사람들이 그 에게 매력을 느낍니다.

사람이 살다 보면 우울한 날이 찾아옵니다. 돈이 있으면 날마다 좋을 까요? 있는 돈 지키는 것도 스트레스입니다. 돈 없으면 당연히 힘들죠. 불편하니까요. 돈은 있어도 힘들고 없어도 힘듭니다. 도시 살아도 힘들 고 시골 살아도 힘듭니다. 강남 살아도 힘들고 강북 살아도 힘듭니다. 부처도 생은 고통이라고 했습니다. 안 힘들다고 얘기하는 사람은 다 사 기꾼입니다.

그런데 이 힘든 세상 중간 중간에 오아시스가 있습니다. 세상은 자신 의 오아시스가 있는 사람과 없는 사람이 있을 뿐이라고 생각합니다. 오 아시스가 있는 사람은 힘든 사막과 같은 인생의 길목에서 가끔 쉬며 물 도 한 잔 마시고 기운도 보충해서 다시 길을 떠납니다.

오아시스는 자기의 중심입니다.
우리는 오아시스로 귀결되고, 오아시스 덕에 삽니다.

오아시스에 가려면 용기가 필요합니다. 이것 재고 저것 재서는 새로 운 땅에 들어갈 수가 없습니다. 완벽한 준비를 마친다고 들어갈 수 있을까요? 남자가 결혼을 준비한다고 해봅시다. 집도 준비하고 차도 준비하고 신혼여행지도 생각해두고… 그런 거 다 준비하면 결혼할 수 있나요? 가장 중요한 짝꿍은 어디 있나요? 그렇게 준비만 하다 보면 정작 결혼하고 싶은 사람은 이미 다른 사람과 결혼했을지도 모릅니다. 최소한의 준비만 되면 출발하십시오.

당신은 삶의 중심 동네에서 살고 있나요? 중심으로 이동하려면 지금 이 자리를 떠나야 합니다.

마음의 이사가 필요합니다. 비록 조그만 집이라도 마음의 중심 동네로 이사 가 그곳에서 사십시오. 무언가가 되고 싶다면 그곳으로 가야 합니다. 제가 누군가에게 이런 이야기를 들었습니다.

"강남에 빌딩을 올리고 싶으면 돈 없을 때부터 웬만하면 강남에 사세요. 월세라도. 그래야 거기에 전세도 얻고 매물 정보도 얻습니다. 그리고 강남 사는 사람을 자꾸 만나봐야 그쪽 건물도 살 수 있습니다."

강남이 좋다는 이야기를 하고 싶은 것이 아닙니다. 세속적인 이야기를 하려는 것이 아닙니다. 무언가가 되고 싶다면 그쪽 지역으로 이사를 하고, 그곳에서 살아야 한다는 뜻입니다.

떠나야 합니다. 계속 여기에 머물러 있으면 안 됩니다. 여기가 어딘지는 스스로 알고 있을 것입니다. 왜 내가 자꾸 내 삶의 외곽에서 맴돌고 있는지, 그리고 내 삶의 중심이 과연 어디에 있는지 생각해보세요.

당장 집을 짓지는 못할 겁니다. 내가 강사를 하고 싶다고 해서 당장 강의를 할 순 없습니다. 실력도 없고 불러주는 사람도 없으니까요. 그러나 그 동네로 이사 가서 월세라도 사십시오. 그러면 언젠가는 기회가 생겨 전세로 살게 되고, 또 언젠가는 자신의 집을 짓게 될 것입니다. 당신의 삶을 멋지게 올려 세울 수 있을 것입니다. 그러려면 용기를 내야 합니다. 천국은 침노하는 자의 것이라고 했습니다. 용기가 있다면 원하는 그 땅에 들어갈 수 있을 것입니다.

처음부터 크게 시작할 생각 말고, 월세로,
작게 시작하는 겁니다.
처음부터 크게 시작하려 하면 영원히 그곳에 가지 못합니다.

내 마음을 지키는 시간

가톨릭 재단에서 운영하는 병원에 강의를 간 적이 있습니다. 그 병원의 원장님은 수녀님이셨습니다. 강의가 끝나고 수녀 원장님과 교무처장님과 함께 식사를 하러 구내식당으로 가려는데 원장님이 이렇게 말씀하시는 겁니다.

"선생님, 제가 선생님 식사를 대접해야 하는데 지금은 제 기도 시간입니다. 죄송하지만 교무처장님하고 같이 식사를 하시죠."

알고 보니 그분은 누가 와도 자신의 기도 시간만큼은 방해받지 않는다고 합니다. 기도 시간을 철저하게 지키는 거지요.

그 모습을 보며 이런 생각을 했습니다. 규모가 작지 않은 이 병원을 책임지는 수장으로서의 힘이 바로 기도 시간을 지키는 것에서부터 나오는 것 같다고요. 사람이 기도 시간을 지켰더니 그 기도가 사람을 지켜주는 거지요. 사람이 교통질서를 지키면 그 질서가 사람을 지켜줍니다. 교통질서를 지키지 않으면 그 질서도 사람을 지켜주지 못하는 것과 같습니다.

우리만의 기도 시간이 필요합니다. 종교적인 기도를 이야기하는 것이 아닙니다. 기도하는 마음으로 하는 무엇, 철저하게 내가 지켜내는 그것이 있어야 합니다. 세상에는 아예 그런 기도가 없는 사람, 그리고 힘들 때만 기도하는 사람이 있습니다. 반면 작은 일 하나를 해도 기도하는 마음으로 하는 사람이 있습니다. 기도하는 마음으로 조각을 하고 기도하는 마음으로 상추에 물을 주고 기도하는 마음으로 바느질을 합니다.

그 기도하는 마음이 어려운 날 반드시 우리를 지켜줄 것입니다.

완벽한 전문가는 없습니다

처음 돈 같은 돈을 번 것이 학교 졸업하고 스피치 학원에서 강사를 할 때였습니다. 시간당 2만 원을 받았죠. 보통 두 시간 강의, 일주일에 두 번, 그래서 한 달 월급이 32만 원이었습니다. 적은 돈이었지만 기분이 너무 좋았죠. 사람들이 저한테 강사라고 부르는 것도 신기했고, 제가 알게 된 것을 소개하는 것도 너무 신이 났습니다. 생활할 수 있을 정도로 돈을 번 것은 기업에 강의를 나가면서부터였습니다. 기업은 시간당 20만 원을 줬거든요. 특강은 보통 두 시간입니다. 그러니 한 번 나가면 40만 원을 받았지요. 그때 속으로 생각했습니다.

'시간당 20만 원이라면, 열 시간도 할 수 있다!'

돈을 벌기 시작하면서 가장 먼저 무엇을 했을까요? 예를 들어보겠습니다. 첫 번째, 정신없이 명품을 샀다. 두 번째, 부모님께 목돈을 보내드렸다. 세 번째, 적금을 들기 시작했다. 무엇을 했을까요? 저는 1번. 정신없이 명품을 사기 시작했습니다. 지금 생각해보면, 명품을 사는 형태로 나타났을 뿐 그 안에는 다른 것이 있었던 것 같습니다. 저희 집은 어렸을 때부터 '돈, 돈, 돈, 돈' 하는 집안이었습니다. 항상 돈이 없었습니다. 아버지가 노동 일을 해서 목돈을 받을 만한 때가 되면 그 돈으로 노름을 하러 가셨습니다. 게다가 자식은 여섯이었습니다. 그러니 엄마는 '돈, 돈, 돈, 돈' 할 수밖에요. 그 모습을 보고 자라서, 저는 나중에 커서 돈을 벌면 항상 기분 좋게 쓸 거라고 다짐했습니다. 물건 값 깎는 그런 일도 안 하고요.

강남에 있는 백화점에 갔습니다. 저는 브랜드가 밖으로 드러나지 않는 제품은 안 샀습니다. 브랜드 로고가 눈에 확 띄게 크게 박혀 있는 걸 선호했습니다. 그런데 참 희한하게도요, 하나 사도 목이 마르고, 두 개 사도 목이 말라요. 그리고 가방을 사면 그에 준하는 옷도 사야 하고 신발도 사야 합니다. 그런데 제 명품 가방을 열어보면 책 한 권 들어 있지 않았습니다. 이렇게 돈을 버는 족족 명품을 사는데 마음은 자꾸 허전한 겁니다. 그렇게 1년 6개월 동안 명품을 사들이고, 딱 그만두었습니다. 그만두게 되더라고요. 사도 사도 마음은 채워지지 않으니까요.

**돈도 벌어본 사람이 벌 줄 알고
써본 사람이 쓸 줄 압니다.**

명품 사들이기를 졸업한 후 돈을 모으기 시작했습니다. 처음에는 유학을 가려고 모았습니다. 오백만 원, 천만 원, 이천만 원. 총각이 돈 쓸데가 어디 있겠습니까? 돈이 차곡차곡 모였습니다. 그런데 인생이 뜻대로 되던가요? 갑자기 집에서 전화가 걸려왔습니다. 빚이 있다는 거예요. 수천만 원. 왜 그런 빚이 생겼느냐고 물으니 우리 키우느라 쌓아놨던 빚이라는 겁니다. 제가 모아둔 돈을 다 보내드렸습니다. 유학 가려고 모은 돈이었지만 엄마 아빠가 빚에 허덕인다는데 제가 유학 가서 뭘 하겠습니까? 어머니가 3일을 우셨다고 합니다. 많은 의미를 담은 눈물이었겠지요.

"엄마가 평생 갚지 못할 빚 갚고 이제 마음을 놓으셨다니 저는 괜찮습니다."

저는 그렇게 말씀드렸습니다. 하지만 이후에도 크고 작은 빚들이 터졌습니다. 그때마다 저는 모아둔 돈을 드렸습니다. 그랬더니 주변에서 조언을 하더군요. 나중에 결혼하면 아내가 힘들어진다고요. 총각 때는 돈을 잘 드리다가 결혼해서 그렇게 못 드리면 아내만 곤란해진다는 거지요.

"적당히 선을 긋는 것도 필요합니다. 매달 정해진 용돈을 드리세요. 그러면 부모님께서 알아서 쓰시게 되어 있습니다."

돈도 벌어본 사람이 잘 벌고, 써본 사람이 잘 써요. 전 돈을 벌어본 적도 없고, 돈 버는 걸 본 적도 없는 거잖아요. 돈을 모으는 법도, 재테크도 아예 모르는 거예요. 그러다 한번은 신문광고를 봤습니다. 아파트를 사라는 거예요. 집 한 채는 마련해야 할 것 같아서 무작정 찾아갔어요. 집을 사는 걸 본 적이 없으니 분양이 뭔지도 몰랐지요. 모델하우스로 오라고 해서 가봤더니 가구와 가전제품이 엄청 잘되어 있더군요. 저는 그걸 그대로 주는 건 줄 알았어요. 그리고 모델하우스 자리에 아파트가 생기는 건 줄 알았어요. 어느 날 우리 아파트 잘 짓고 있나 해서 가봤더니 모델하우스가 철거됐더군요. 그제야 아파트가 생길 지역에 가봤습니다.

전문가는 헛똑똑이와 같은 말일지도 모릅니다.

그때 당시 저는 '전문가'라는 말을 들으며 각 분야의 전문가 앞에서 강의를 했습니다. 그래서 저는 '나는 전문가야'라고 생각했습니다. 제 주변 사람들도 저에게 조언을 하지 않았죠. 왜냐, 저는 부동산학과에서도 강의를 하고 시청 건축과, 도청에서도 강의를 하고 공인회계사 모임, 재무설계사 모임에서도 강의를 하니까 제가 이미 다 알고 있을 거라고 지레짐작했던 겁니다.

아마추어보다 전문가가 더 위험한 게 있습니다. 사기를 가장 많이 당하는 직업군이 선생님, 공무원, 은행원, 군인, 경찰, 법조계 공무원, 연예인 등이라고 합니다. 평생 모은 돈을 한 번에 날립니다. 그동안 주변에서 저 사람 대단하다고 다들 띄워줬거든요. 자기가 모르는 분야가 없거든요. 하지만 사람이 하루에 7시간씩 평생 공부하면 사하라사막의 모래 알만큼 있는 세상의 지식 중 모래 한 알을 알고 죽는다고 합니다.

내가 어떤 분야의 전문가라는 건 어떤 면에서는 위험할 수 있다는 의미입니다. 사실 전문가는 하나를 알고 아홉을 모를 수 있습니다. 내가 하나의 분야를 잘 아니까 마음이 높아지기 시작하죠. '나는 사업을 해봤으니까 다 알아, 나는 이 분야에서 모르는 게 없어, 나는 나이와 연륜과 경험이 있으니 괜찮아.' 이런 마음이 위험합니다. 그래서 사기도 당하고 친구도 잃는 거죠.

우리는 마음이 가난한 건지,

아니면 뭔가를 이뤄내서 마음이 높아져 있는 건지

늘 따져봐야 합니다. 섬세히 돌아봐야 합니다.

마음이 높아져 있을수록 사고가 날 확률이 높습니다.

내가 어느 분야의 전문가라면, 더 조심하십시오.

때론 수혈이 필요합니다.
수혈은 나의 길과 반대되는 길에서 받을 수 있습니다.

저는 어린 나이에 선생 역할을 시작했습니다. 서른 살 때부터 강연 일을 했으니 너무 어렸을 때 어른 역할을 시작한 거지요. 그러다 보니 배움을 얻을 곳이 별로 없었습니다. 심지어 친구들도 없어졌습니다. 사람들을 만나면 저는 버릇처럼 컨설팅을 해주려고 했습니다. 사람들이 저에게 돈을 내고 컨설팅받으면 고마워하지만 제가 돈 안 받고 컨설팅 해주면 오히려 기분 나빠합니다. 돈에 대한 문제가 아니에요. 그 사람이 동의했느냐의 문제지요.

그래서 제가 한 것은 교수님께 성악 레슨을 다시 받기 시작한 것, 그렇게 학생의 자리로 돌아간 것과 친구들 만나면 일 얘기 절대 안 하기였습니다.

여러분도 업무와 반대되는 것에서 수혈을 받으세요. 업무와 상반되는 에너지를 받아야 합니다. 수혈을 받으면 힘이 나실 겁니다. 그러면 하는 일을 좀 더 너끈히 할 수 있게 될 거예요. 가르치는 사람은 가르침을 받으러 가고, 영업하는 사람은 영업을 당하러 가고, 무대에 서는 사람은 관객석에 앉아보세요.

제 강연장을 찾는 분들 중에 전문가가 참 많습니다. 정신과 의사, 종교인, 심리학 교수, 컨설턴트 등등. 이런 분들이 제 강의를 찾는 게 쉬운 일은 아닙니다. 전공 분야를 수년간 공부한 분들이잖아요. 저는 야매 강사구요. 하지만 그분들은 수혈을 받으러 오신 것입니다.

남에게 피를 나눠주는 사람들은 반드시 새로운 피를 받아야 합니다. 좋은 거 먹어서 자기 피를 만들어야 합니다. 아니면 자기 피가 다 빠져나가서 죽어버립니다. 저는 강의를 하고 나서 아예 말을 안 하거나 강의와는 전혀 상관없는 일을 합니다. 제 나름대로 수혈을 받는 거지요.

숫자 다루는 분들은 어느 날 숫자 좀 버리십시오. 그 숫자에 갇혀서 숨이 막힙니다. 사람 만나는 게 직업인 분들은 어느 날 사람 좀 떠나십시오. 그리고 육체노동을 하는 분들은 어느 날 책을 펼치십시오. 이렇게 균형을 맞춰가는 거죠.

삶에 숨 쉴 공간을 좀 주세요.
너무 몰아세우지 말고요.
느슨하게 풀어지는 때가 오히려
창의성을 융합하는 시간이 될 것입니다.

쉬려고 일하지 마십시오.
일도 삶이고, 쉼도 삶입니다.

감정의 변비를 해결하라

사람에게는 먹는 것도 중요하지만 배설하는 것도 매우 중요합니다. 감정에도 배설이 필요합니다. 눈과 귀로 감정을 먹고, 좋은 감정은 소화시켜 마음의 영양분으로 삼고 나쁜 감정은 배설해야 합니다. 그런데 흔히 말해 '착한 사람'이 이 감정의 배설을 잘 못합니다. '내가 어떻게 배설을 해, 사람들이 나를 이상하게 볼 거야. 나만 참으면 돼' 하면서 자기 감정을 억압하지요. 화를 잘 안 내는 겁니다. 유교 문화권에서 성장한 여성들이 특히 잘 못합니다. "어디서, 여자가!" 이런 소리를 듣고 자란 여성은 감정의 변을 보기 어려워합니다. 큰딸, 큰아들도 그렇습니다. "네가 잘돼야 동생들도 잘된다"는 이야기 들으며 참고 자란 아이들이 감정의 변비에 걸립니다. 오도된 신앙도 마찬가지입니다. '신앙을 가진 사람이 그렇게 하면 안 되지'라고 스스로를 억압하면서 감정의 똥을 싸지 못합니다.

> '나 여잔데', '나 큰아들인데', '나 신앙인인데' 하면서
> 변을 계속 장에 쌓아놓는 것입니다.

사람 마음에 변비가 생기면 배설물이 마음의 장에 쌓여 점차 굳습니다. 소화가 안 되죠. 결국 어떻게 될까요? 일단 삶의 식욕이 없어집니다. 먹어도 별로 맛이 없어요. 봄이 와도 감탄하지 않아요. 고마운 것도 없어요. 사는 게 별 재미가 없다고 합니다. 누구의 어떤 말을 들어도 재미가 없어요. 기쁘다, 재밌다, 이런 감정이 사라지는 겁니다. 욕망도 별로 없어요. 이러이러한 걸 해보고 싶다는 마음이 생기지 않습니다. 마음의 식욕이 떨어졌기 때문이죠.

> 감정의 변비를 어떻게 극복해야 할까요?
> 먼저 '나는 누구이니까, 똥을 싸면 안 돼'라는
> 그 마음을 없애십시오.

이런 마음은 옳지 않습니다. 저는 남자 직원하고 둘이 있으면 그냥 편하게 방귀를 뀝니다. 방귀를 뀌고도 서로 무안하거나 머쓱하지 않아요. 장난스레 받고 맙니다. 그런데 저희 연구소의 여자 직원 앞에서는 못 하겠는 겁니다. 제가 강의하던 학교의 학생이었거든요. 그래서 그 친구 앞

에서는 방귀를 참습니다. 저희가 여기저기 강의를 다니면서 고속도로를 많이 타는데, 방귀를 참을 때가 많습니다. 오늘도 꾹 참았습니다.

그런데 이렇게 평생 참고 사는 사람이 있다는 겁니다. 자기가 신앙인이라고, 자기가 정신과 의사가 됐다고, 엄마가 됐고, 아빠가 됐고, 나이를 먹었고, 교수가 됐고, 사장이 됐고, 누가 됐으니까 감정의 방귀나 감정의 배설을 해서는 안 된다고 생각하는 것입니다. 참고 참다 얼굴이 노랗게 뜹니다.

화가 나거나 기분이 언짢거나 분노가 치밀어 오르면 그것을 인정해주십시오. '나는 그러면 안 돼'라는 마음을 버리십시오. 그 억눌린 감정이 방귀를 참은 사람처럼 곧 티가 날 것입니다. 상대방도 '아, 저 사람은 참으면서 일부러 친절한 척하고 있구나' 하고 알아챕니다.

우리는 먹은 만큼 반드시 배설합니다.
그리고 배설해야만 합니다.
내가 배설한다는 것을 인정해주세요.

당신은 어디에서 배설을 하십니까? 당신이 방귀를 뀌어도 그것을 유머로 받아들일 친구가 있습니까? 그렇다면 당신은 매우 럭키한 사람입니다. 당신이 방귀를 뀌어도 같이 장단을 맞춰줄 그런 친구가 있다면 마음을 건강하게 유지하는 데 큰 도움이 될 겁니다.

그리고 일상에서 배설해야 합니다. 제가 감정을 배설하겠다고 서른 중반부터 프랑스, 이탈리아 등 해외를 찾았습니다. 수도원에도 들어가고 일부러 한적한 마을에서 시간을 보내기도 했습니다. 돈 많이 썼습니다. 고생도 많이 했습니다. 우리가 떠나는 이유는 '떠나는 것 너머의 어떤 느낌'을 받기 위함입니다. 그렇게 몇 년을 방황하다 알게 됐습니다. 그 느낌은 일상에서도 받을 수 있다는 것을요. 만약 일상에서 그런 연습이 되어 있지 않으면 떠나도 큰 변화는 일어나지 않습니다.

우리는 이렇게 생각하죠. 떠나면 뭔가 달라질 거라고, 마음에 큰 자극이나 안정이 찾아올 거라고. 하지만 '한국에 있을 때는 여기 오면 뭔가 될 것 같았는데, 여기서도 별거 없네? 그럼 이제 어디로 가야 하지?' 하는 순간 더 막막해집니다. 마음이 동상에 걸린 것처럼 굳어버립니다. 떠나기 전보다 더 방향을 잃어버립니다.

감정의 배출에 어려움을 느껴왔다면,
일상의 소박한 여행부터 시작하십시오.

1박 2일도 괜찮고 한나절이라도 괜찮습니다. 당신 혼자만의 여행을 떠나십시오. 건물보다 자연이 있는 곳이 좋고, 건물이 있어도 인간의 예술 작품이 있는 곳이 좋습니다. 음악, 미술, 사진, 무용, 무엇이든 좋습니다. 한 달에 한 번이어도 충분합니다. 핸드폰 끄고 혼자서 고요히 소박한 여행을 떠나보십시오. 논길 같은 데를 걸어도 좋습니다. 유럽에 가도 하는 건 이런 겁니다. 한국에서도 충분히 할 수 있거든요. 이게 익숙해지면, 그다음으로 넘어갈 수 있습니다. 용기가 생기거든요. 작은 실천이 행동의 근육을 만들어줍니다.

삶은 고동입니다.

고동을 어떻게 빼 먹나요? 젓가락으로 파내려고 하면 안 됩니다. 안으로 더 쏙 들어가 버려요. 바늘이나 이쑤시개 같은 걸로 빼내야 쏙 빠집니다. 큰 걸로 삶을 파내려고 하면 더 들어가 버립니다. 바늘처럼 얇은 것으로 삶을 파내야 합니다. 삶은 작은 용기와 실천으로 성장합니다. 내 집 앞, 아파트 화단이 있는 곳, 집 근처 공원부터 시작하세요.

그러다 보면 외국에 나가도 길 잃은 느낌을 받지 않을 수 있습니다. 용기가 생길 것입니다. 무턱대로 유럽 여행부터 도전하지 마세요. 조금씩 넓혀가십시오. 처음부터 삶을 젓가락으로 빼내려고 하면, 삶의 고동이 들어가 버릴 겁니다. 삶이 더 안쪽으로 쏙 들어가 버립니다. 그러면 그 고동을 어떻게 해야 합니까? 깨야 합니다. 하지만 깨도 먹을 수가 없습니다. 깨진 고동 껍데기가 고동 살에 박힙니다. 결국 먹지도 못하고 버려야 합니다.

걱정하지 마세요. 50대도 할 수 있습니다. 60대도 할 수 있습니다. 70대도 할 수 있습니다. 잘되실 겁니다. 삶의 고동, 빼서 맛있게 드십시오.

당신의 깊은 산속 옹달샘

깨끗한 물에 검은색 잉크를 떨어뜨렸습니다. 금세 검은 물이 됩니다. 어떻게 하면 다시 깨끗한 물로 바꿀 수 있을까요? 물을 버린다고 해결되지 않습니다. 습포지 같은 것으로 흡수시킨다고요? 한계가 있습니다. 간단합니다. 깨끗한 물을 계속 부어서 물을 희석시키면 됩니다. 사람은 겸허한 마음으로 죽을 때까지 깨끗한 물을 자신에게 부어야 합니다. 종교가 됐든, 책이 됐든, 강연이 됐든, 자신만의 깨끗한 물을 찾아서 부어주세요. 여러분의 깊은 산속 옹달샘을 찾아주세요. 그 깨끗한 옹달샘의 샘물을 내게 부어주는 겁니다. 《모리와 함께한 화요일》의 저자 미치 앨봄은 대학 시절의 은사, 모리 선생님을 화요일마다 찾아가 인생을 배웁니다.

우리도 정기적으로 깊은 산속 옹달샘을 찾아가야 합니다. 목마를 때만 가서는 안 됩니다. 정기적으로 가야 합니다. 그러면 넉넉해지실 겁니다. 좋은 물을 마시면 배설도 잘 됩니다. 배설하시고, 건강해지세요. 그리고 당신의 깊은 산속 옹달샘을 사람들과 나누며 사십시오. 방귀 잘 뀌시고 똥도 잘 싸시고 건강하시길 바랍니다.

여기까지
참 잘 오셨습니다

원 없는 삶

◇◇◇◇◇◇◇◇◇◇◇◇◇

아이들이 말을 배우고, 네다섯 살이 되면 신의 음성을 들려주는 경우가 있습니다. 마치 신의 대리인처럼 짧고 강렬한 말을 툭툭 던질 때가 있어요. 하루는 제 딸이 저에게 묻더군요.

"아빠, 아빠는 커서 뭐 될 거예요?"

"응?"

"아빠는 커서 뭐가 되고 싶어요?"

이 질문이 제게 상당히 크게 다가왔습니다. 마치 신의 음성처럼요. 그 말이 며칠 동안 뇌리에서 맴돌았습니다.

당신은 커서 뭐가 되고 싶으셨나요?
당신이 원하는 삶을 살고 계시나요?

　뉴욕에 강연하러 갔을 때의 일입니다. 센트럴파크에 갔더니 럭셔리
한 뉴요커들이 럭셔리한 개를 데리고 럭셔리하게 산책을 하더군요. 그
런데 그 개들이 잘 짖지를 않는 거예요. 궁금해서 현지 교민들에게 물어
보니, 다 성대수술을 해서 그렇다는 거예요. 아파트 생활을 해야 하니
개 짖는 소리로 문제가 생길 수 있어 성대수술을 시키고, 중성화수술도
시킨다는 것이었습니다. 뉴욕에서만이 아니죠. 우리나라에서도 애완견
을 키우는 분들에게는 성대수술과 중성화수술이 선택을 넘어 필수가
돼가고 있는 듯합니다. 이 개들은 모두 도시에서 살기에 적합한 개가 되
는 겁니다. 개를 위해서라고 하지만 사람 입장에서 판단한 것이지요. 이
개들은 평생 자신의 목소리로 짖지도 못하고 자신을 닮은 새끼도 낳을
수 없습니다.
　저는 이 개들을 보면서 이런 생각이 들었습니다. 사람 개개인의 마음
속에는 생명의 씨앗이 있는 것 같습니다. 비전, 꿈, 가치가 바로 그것이
지요. 그런데 어느 순간 자신의 생명의 씨앗을 스스로 거세해버리기도
한다는 생각이 들었습니다. 그러고는 도시에서 살기에 최적화된 모습으
로 살고 있는 거지요. 꿈을 포기하고 자신이 처해 있는 상황에 순응하면
서요.

우리는 왜 꿈을, 비전을, 영혼의 부름을 거세했을까요?
우리는 왜 스스로를 도시에 잘 길들여진 개로 살게 만들었을까요?

'생명'이라는 말은 고상하지만 생명을 탄생시키려면 한 번에 깔끔하게 되는 법이 없습니다. 꿈, 비전, 이상은 한 번에 아름답게 펼쳐지지 않습니다. 꿈이 처음부터 깨끗하게 펼쳐지지 않으니 사람들은 스스로를 거세시켜 버리는 것입니다.

생명의 씨앗을 탄생시키는 데에는 불편하고 어려운 일이 따르기 마련입니다. 외교관이 꿈이었던 한 여성분이 강연장에 오셨습니다. 지금 나이가 일흔인 그분은 영어 교육을 받기 어려웠던 어린 시절부터 단지 영어가 재미있어서 영어 공부를 놓지 않았다고 합니다. 웬 외국인 남자들이 영어를 가르쳐준다고 해서 무턱대고 따라갔더니 교회에서 해주는 무료 영어 강습이었습니다. 밤새 사전을 뒤져 말을 만들고 그들이 알아듣든 말든 영어를 쏟아냈다고 합니다. 지금 그녀는 메릴랜드대학에서 외국 학생들에게 한국어와 한국 문화를 가르치고 있습니다. 일흔의 나이였지만 은퇴는 아직 먼 일처럼 느껴졌습니다.

어쩌면 그 옛날 보수적인 시대에 여자의 몸으로 낯선 남자들을 따라나선 그녀에게 사람들의 곱지 않은 시선이 쏟아졌을지 모릅니다. 여자가 웬 영어 공부를 하느냐는 어른들의 꾸중이 있었을지도 모릅니다. 쉽지 않았을 것이고 크고 작은 장애가 있었을 것입니다. 보통 사람들을 이런 어려움 앞에서 자신의 꿈을 거세하는 쪽을 택하곤 합니다. 나쁘다는 것은 아닙니다. 단지 '그렇다'는 것입니다.

포프리쇼 후원사 포프리의 사업이 점점 성장하더니 최근엔 지방에 대규모 단지를 구성하는 MOU를 맺었습니다. 저는 그 회사의 시작을 봤습니다. 적자일 때부터요. 그랬던 회사가 성장하는 모습을 지켜보는 일은 자신의 비전을 거세하지 않은 한 남자와 한 기업을 바로 곁에서 지켜보는 것과 같았습니다.

자신의 비전, 자신의 사랑, 자신의 영혼을 거세하지 않는 자들이 있습니다. 거세하지 않으면 그것 때문에 당연히 불편한 일이 벌어집니다. 지저분한 일도, 실수도 벌어집니다. 그럼에도 불구하고 거세하지 않는 사람들이야말로 나이가 들었을 때 비교적 '원 없는 삶'을 사는 것 같습니다.

원 없는 삶을 산다는 것

제가 강조하고 싶은 건 '원 없는 삶'입니다. 사람들에게 '원'이 생기는 첫 번째 이유는 자신이 원하는 것을 모르기 때문입니다. 그 원이 쌓이면 '한'이 됩니다. 합쳐 말하면 '원한'이지요. 그렇게 원한이 생겨서 구천을 떠돌 듯 인생을 떠돌며 삽니다.

당신은 당신의 영혼이 바라는 것들을 거세하셨나요? 아니면 뭔가 불편하고 때로는 실수를 하고 어딘가 어색해도 자신의 영혼의 목소리를 따라가고 있나요? 그 소리를 따라가는 사람을 우리는 '살아 있다'라고 표현합니다.

더 늦기 전에 크든 작든 당신의 원을 알고 당신의 영혼이 원하는 대로 사시길 바랍니다. 그렇지 않으면 몸 구석구석이 아파올 것입니다. 마른 사람은 점점 살이 빠지고 통통한 사람은 점점 살이 찔 거예요. 얼굴의 혈색도 당연히 없어지지요. 내가 좋아서 하는 게 아니니까, 내가 느껴서 하는 게 아니니까. 억지로 가는 직장이 얼마나 힘들겠어요? 울고 싶은데 웃고 있어야 하는 일이 얼마나 힘들겠어요? 영혼 없이 자리만 지킨 채 앉아 속으로는 '다음 달에 제주도 놀러가야지' 하고 생각합니다. 지금의 고생에 보상을 받고 싶어 하지요.

사람들은 자기가 원하는 꿈, 비전을 행할 땐 필요 이상의 보상을 받으려 하지 않습니다. 하고 싶지 않은 일을 할 때, 책임감 때문에 마지못해 일을 할 때 마음은 자꾸만 보상을 받고 싶어 합니다. 자극적인 음식으로 보상받으려 하고, 집 앞에 쌓여가는 택배 박스로 보상받으려 하고, 정기적으로 여행을 가면서 보상받으려 합니다. 모두 일시적인 해갈은 되지만 근본적인 목마름을 해결해주지는 않습니다.

가장 최고의 여행은 자기 인생으로의 여행입니다. 자기 삶의 길을 걷는 것이 최고의 여행이지, 스위스를 간다든지, 제주도를 간다든지, 이런 것은 떠나고 싶다는 마음에 순간적으로 반응하는 것일 뿐입니다. 그거 아세요? 우주로 간 사람은 많지만 지구의 심해를 탐험하러 가는 사람은 별로 없다고 합니다.

우리는 멀리 있는 달에는 가고 싶어 하지만
심해, 자기 마음의 심해를 탐구하는 데는 인색합니다.
내 삶을 찾아가는 것이야말로 진정한 여행입니다.

두려워하지 마십시오. 거세하지 마십시오.

성공과 실패에 대해서는 아무도 얘기할 수 없습니다. 중요한 것은 진심으로 신을 대하듯 진실하게 열정을 다했다면, 외적으로 실패한 것처럼 보이더라도 당신의 영혼에 길이 난다는 것입니다. 이거 해도 될까 안 될까 고민하지 마세요. 그게 안 되더라도, 당신이 그것을 대했던 그 삶의 태도에 의해서 길이 납니다. 그다음에 그 길은 무엇으로든 연결됩니다. 그것을 믿으면 됩니다.

당신의 표정은 어떤가요?

오케스트라, 발레단, 그리고 제 강연을 연결하는 프로젝트를 진행한 적이 있습니다. 강연을 준비하려면 발레를 좀 더 알아야 할 것 같아 발레 연습하는 곳을 찾아갔습니다.

발레리나 30여 명이 군무를 연습하고 있는 걸 보고 있자니, 우리 모두가 무용수 같다는 생각이 들더군요.

발레는 중력에 반하는 동작이 많습니다. 아래로 떨어지려는 걸 위로 올리려는 점프 동작을 계속 하는 거죠. 발레가 보기에는 아름답고 우아하지만 그 장면을 표현하는 무용수들의 몸은 극도로 힘이 듭니다. 무대 정면을 향할 때는 밝은 표정을 짓지만 뒤로 돌아서는 순간 표정이 일그러지곤 했습니다. 그럴 때마다 단장님은 "힘든 티 내지 마, 힘든 티 내지

마"라고 주문했습니다. 특히 무용수들이 동작을 할 때면 동작에 대해
지적하기보단 "표정! 표정 밝게!"라고 소리쳤습니다. 궁금해서 단장님
께 물었습니다.

"단장님, 발레리나, 발레리노를 하려면 신체조건 중에서 무엇이 가장
중요할까요?"

흔히 우리가 생각하는 대로 팔다리가 길고 얼굴이 작고 눈이 큰 사람
이 좋다고 답하더군요. 그래서 또 물었습니다.

"만약에 팔다리가 길고 얼굴이 작고 눈이 큰데 표정이 없는 사람과,
그 조건엔 조금 못 미치지만 표정이 좋은 사람이 있다면 단장님께서는
어떤 사람을 뽑으시겠습니까?"

"저는 신체조건이 조금 안 돼도 표정이 있는 무용수를 뽑을 겁니다."

아무리 신체조건이 좋다 하더라도 동작을 잘 표현하지 못하고 표정
이 없으면 아름다울 수 없습니다. 단장님은 덧붙여 설명했습니다.

"생각해보세요. 무용에 표정이 없으면 스포츠예요, 점프하는 스포츠.
그리고 더 나아가 점프를 매우 잘하면 서커스가 되겠죠. 하지만 발레는
예술이에요. 예술의 완성은 표정입니다."

힘든데 힘든 티를 내지 말라고 하네요, 인생이.

사는 건 힘이 듭니다. 초등학생만 돼도 사는 게 힘들다는 걸 알아요.
근데 삶은 내가 뭔가를 해보려고 할수록 힘들어집니다. 뚜렷하게 하고
싶은 일이 없으면 저항이 찾아오지 않아요. 하지만 희한하게도 뭔가를

해보려고만 하면 인생이 계속 저항합니다. 마치 무용수처럼 중력을 거슬러 올라가는 힘듦이 있어요. 자연스럽지 않은 게 있어요. 우린 자연스럽게 늙어가고 자연스럽게 이뤄내고 싶은데 아등바등해야만 원하는 걸 겨우 이룰 수 있어요.

마치 삶의 단장님이 옆에 있기라도 한 것처럼 힘든데 힘든 티를 내지 말라는 소리가 자꾸 들려요. 아니꼬운데 아니꼬운 티를 내지 말라고 해요. 할 말 있어도 참으라고 하고, 표정은 늘 밝아야 한다고 말합니다. 아이가 속을 썩여 눈물로 밤을 지새우던 엄마는 출근해서 웃어야 해요. 속이 문드러져도 표정은 밝아야 합니다. 이게 인생이에요. 힘든 티 안 내는 사람들이 뒤에서는 더 많이 웁니다. 더욱 티내기 싫은 사람은 오히려 남을 웃겨주려 합니다. 혹은 청소며 빨래를 하고, 더 많은 일을 하면서 바쁘게 지냅니다. 그래야 자신의 힘든 감정과 마주치지 않는다는 걸, 자신도 알고 있거든요.

인생은 발레리나처럼 힘든 티를 내지 말라고 합니다. "표정! 표정 신경 써!", "힘든 티 내지 마! 힘든 티 내지 마!"라고 계속 말을 겁니다. 저도 강연장 뒤에서 힘들고 짜증 나는 일이 있어도 마이크 잡고 무대에 서는 순간 활짝 웃습니다. 이게 인생이더군요.

저희 집 뒤에는 산이 있습니다. 등산을 끝내고 에너지가 빠져나간 만큼 좋은 음식으로 몸을 채우는 순간만큼 든든할 때도 없습니다. 힘들게 뭔가를 해서 비워진 부분만큼 좋은 걸 먹으면 우리 몸은 더 좋아집니다. 하지만 무용수들은 힘들게 연습하고 좋은 음식도 배불리 먹지 못하니다. 단장님은 이렇게 말씀하시더군요.

"선생님, 저는 여전히 현역이에요. 그래서 제가 출근해서 가장 먼저 하는 일은 몸무게를 재보는 거예요."

단장님 책상 위에는 손님을 위해 준비해놓은 과자가 있지만 자기는 먹지 않는다고 합니다. 정말 먹고 싶을 때는 탄수화물이나 단백질을 줄이고 아주 소량만 먹는다고 했습니다.

'아, 그래. 삶과 정말 비슷하구나. 우리가 삶을 잘 산다고 하는 사람들은 발레리나, 발레리노처럼 사는 걸지도 모르겠다. 힘들지만 힘든 티를 내지 못하고 계속 밝게….'

착한 사람이 우울증 걸립니다.

어설프게 착한 사람이 마음의 병을 쉽게 앓는 것 같습니다. 자기 성격 대로 표현하는 사람에겐 우울증이 잘 안 옵니다. 시어머니에게 "어머니, 저도 배울 만큼 배운 여자예요. 뭐 그렇게 대단한 아들 두셨다고 그러세요?"라고 말하는 며느리라면 속병 걸리지 않아요. 시어머니만 화병 걸리겠지요.

내가 할 말을 잘 못 하는 스타일이다, 라고 생각하신다면 어떤 식으로든 표출할 수 있는 창구를 마련하시길 권합니다. 저 역시 강의만 했다면 정신적인 문제가 더 빨리 찾아왔을지도 모릅니다. 강의를 잘 한다는 건 많은 사람의 눈치를 매우 빨리 본다는 뜻과 같습니다. 강연장에서 말하는 건 절대 편안하지 않아요. 편안해 보이려고 노력하는 거지요. 계속해서 청중의 눈치를 봅니다. 내가 이런 말을 했을 때 어떤 분이 소외받지 않을까, 상처받지 않을까, 머릿속에서 계속 생각합니다. 그리고 그것을 티내지 않으려고 계속 뭔가를 하죠.

저는 강사로서 잘된 편입니다. 〈세상을 바꾸는 시간, 15분〉, 〈아침마당〉, 〈포프리쇼〉, 매일 들어오는 기업 강의 등이 다 잘됐습니다. 강의가 잘됐음에도 우울증이 온 것입니다. 하는 일이 잘 풀리는데 왜 정신적인 문제가 찾아온 거지? 솔직히 이해가 안 됐습니다. 일이 안 된 것도 아니고 문제가 생긴 것도 아닌데 왜 우울증에 걸렸지?

제가 철저하게 상대에게 맞추려고 했던 거죠. 또 강의를 안 할 때는 직원들 눈치를 봅니다. 토요일에 외부 미팅이 잡혀 있으면 머릿속에서는 '휴일이지만 교육하는 분들과의 미팅이니까 직원들에게도 기회가 될 거야'라는 생각과 '그건 네 생각이지. 직원들은 휴일에 불러내는 걸 싫어할 거야'라는 생각이 충돌합니다. 직원들이 나를 나쁜 사람, 무능력한 사람이라고 생각하지 않을까 계속 눈치를 봅니다.

유튜브에 들어가 제 강의 아래 달린 댓글도 봅니다. 제가 했던 표현들이 거슬린다는 댓글을 보면 계속 신경이 쓰입니다. 이건 내 방식인데 바꿔야 하나 말아야 하나 의식이 됩니다.

제가 대범해 보이지만 매우 소심한 거죠. 그게 어떤 상황에서는 장점이 될 수 있지만 정신적인 문제가 쉽게 찾아올 수 있는 터전이 될 수도 있습니다. 저 같은 성향을 가진 분이라면 반드시 표출할 수 있는 다른 창구를 찾으세요. 맛있는 음식을 차리는 요리사가 그 냄새에 질려 정작 자기는 먹지 못하잖아요. 밝고 좋은 기운만 차려내다가 정작 자신의 영혼은 허기질 수 있습니다.

힘든 티 다 내고 살 수 없다면
마음에 좋은 것을 정기적으로 드세요.

힘든 티 다 내고 살 순 없잖아요. 인생이 그렇잖아요. 하지만 다행히도 우리는 발레리나처럼 안 먹을 필요까진 없습니다. 힘든데 표정을 아름답게 지어야 하고, 내 주변 세상을 평화롭게 만들려고 하는 사람은 마음에 좋은 것을 정기적으로 먹어야 합니다.

저는 그래서 작은 역할이지만 영화배우 일을 시작한 것입니다. 제가 강의만 하다가는 우울증에서 벗어나기 힘들 거라는 생각이 들었기 때문입니다. 영화는 관객의 눈치를 보지 않아도 됩니다. 배려하지 않아도 됩니다. 이 대사와 상황을 어떻게 표현할지에만 신경 쓰면 됩니다. 강연 무대에서는 좋은 말로 하면 '배려'지만 사실 센스 있게 눈치 보는 제가 있습니다. 하지만 영화는 제가 제 자신으로 있을 수 있도록 도와줍니다. 여러분도 그런 창구를 하나씩 마련하세요.

요즘엔 강연장을 벗어나면 입을 닫고 듣기만 합니다. 전에는 제가 다 안다고 생각했습니다. 그래서 남들이 부탁하지도 않았는데 조언을 했습니다. 하지만 이 또한 외로움의 병이란 걸 알았습니다. 말을 하지 않음으로써 배우고 채워지는 게 더 많아졌습니다. 제가 말을 쏟아내면서 비워낸 곳들이 다른 이들의 이야기로 채워졌습니다. 이 균형이 저를 더 건강하게 만들어주었습니다.

발레리나처럼 사는 건 힘이 듭니다. 평생 현역으로 사는 것도 힘이 듭니다. 세상에 뭔가 좋은 일을 하려는 사람들이 오히려 마음에 병이 생기고, 좋은 일을 하려다가 그로 인해 회의적으로 변하기도 합니다.

포기하지 마십시오. 가다가 힘들면 잠시 주저앉아 있어도 좋습니다. 너무 급하게 벌떡 일어서려고 하지 않아도 좋습니다. 가려고 하는 곳을 바라보는 그 시선만 놓지 않는다면요. 그리고 정기적으로 마음에 좋은 음식을 찾아 드십시오. 꼭 본인에게 잘 맞는 걸 찾아 드십시오. 제가 영화를 찾았듯이요. 삶은 힘듭니다. 죽고 싶을 때도 있고, 죽고 싶지는 않지만 살고 싶지 않은 날도 있습니다. 그러니 좋은 걸 정기적으로 자신에게 베푸십시오.

가장 좋은 걸 나에게 주십시오

사람마다 세상에서 할 수 있는 일은 너무도 다양합니다. 그런데 우리는 우리가 처음에 하려고 했던 일을 해야만 인생에서 성공했다고 착각하는 것 같습니다. 처음에 배웠던 일을 중간에 그만두면 더욱 잘 맞는 일을 찾으면 되는데 실패하고 도태됐다고 생각하는 거죠. 원하는 대학에, 원하는 직장에 못 들어갔으니 내 인생은 실패라는 말도 안 되는 생각을 하는 거죠.

사람들은 자신이 간절히 원했던 것, 처음이라 특별했던 것, 남들이 좋다고 인정해주는 것을 이뤄내야 자신이 가치 있다고 생각합니다. 그리고 남들이 하는 것을 같이 해야 자신이 잘 살고 있다고 생각합니다. 거기에서 조금만 멀어져도 불안해하고 두려워하지요. 하지만 그 모든 건 사실이 아닙니다. 같이 할 때 해도 되지만 같이 못 한다 해도 우리의 가치가 떨어지는 것은 아닙니다.

사람은 자신이 믿는 대로 행동합니다. 내가 누구라고 생각하느냐에 따라서 그에 적합한 행동을 하는 거죠. 그래서 요즘 집에서 기르는 애완견은 스스로 개라고 생각하지 않습니다. 이 집을 분양받은 사람이라고 생각하지요. 걸음걸이도 얼마나 당당한가요. 그런데 남편들은 그 반대죠. 기가 죽어 잔뜩 움츠린 채 '잠만 자고 얼른 나가자'라고 생각합니다. 왜 사람은 사람이라고 생각하지 않고 개는 자신이 사람이라고 생각하게 되었을까요? 사람들이 원래 서로에게 나누어야 했을 관심과 사랑을 개에게만큼은 한정 없이 주기 때문입니다. 즉 개에게는 성과를 바라지 않습니다. 배변만 가려도 칭찬하고 응원합니다. 안아주고 뽀뽀해주고 예쁘다고 말해주고 목욕시켜주고 항상 웃어주고요. 그러니 개의 자존감, 스스로의 존재 가치가 올라가는 것입니다.

하지만 대부분의 사람은 숫자로 평가받습니다. 어느 학교 나왔는지, 돈은 얼마나 버는지, 몇 살인지, 직업이 무엇인지 등을 먼저 파악합니다. 그러니 스스로도 자신의 조건과 상황을 자신의 존재 가치라 믿어버리고, 그에 맞는 행동을 하게 됩니다. 부당한 대우를 받더라도 문제 의식을 못 느끼고 그 테두리 안에서 살아버리는 것입니다.

우리는 그렇게 살아야 하는 존재가 아닙니다.

사람은 힘들다고 죽지도 않고 힘들다고 무너지지도 않는다고 합니다. 다만 힘들 때 내가 힘들다는 걸 아무도 알아주지 않는다고 느낄 때 인간은 극단적인 선택을 하게 됩니다. 그런데 나의 상황은 나 자신밖에 모릅니다. 그러니 내가 나를 알아줄 수 있는 거의 유일한 사람인 거죠. 우리가 왜 좋은 책을 보고, 종교활동을 하고, 숲과 바다를 찾고, 명상을 할까요? 모두 자신의 내면을 스스로 알아주도록 돕는 것입니다. 우리가 우리 자신을 챙기기 위한 마중물이 돼주는 것이지요. 삶의 중심을 나 자신에게 두십시오. 가장 소중한 존재인 나의 내면을 지금 살펴보십시오. 그리고 가장 좋은 걸 나에게 주십시오.

삶에서 남는 장사를 하세요

한 해가 마무리될 무렵이면 우리는 이런 생각을 합니다.

'한 해가 지나가는데 올해 나에게 뭐가 남았지?'

뿌듯하게 한 해를 돌아보며 내게 남은 것들을 되새기는 사람도 있을 테지만, '바쁘게 살았는데 남은 게 없어, 분주하게 살았지만 이뤄놓은 게 없어' 하고 힘 빠지는 사람도 있습니다. 저 역시 한 해를 마무리할 때마다 '올해 나에게 무엇이 남았나' 하는 생각을 많이 합니다.

최근 대학 시절에 대한 질문을 받은 적이 있습니다. 저는 대학생활을 정말 바쁜데 남는 것 없이 보냈습니다. 그때 가장 많이 한 것은 '고민'이었습니다. 왜냐하면 졸업하면 서른이고, 부모님은 제게 도움을 줄 수 없고, 음악대학만 들어오면 다 될 줄 알았는데 오히려 제 실력이 어느 정도인지 알게 되어 암담하기만 했기 때문입니다. 그래서 내내 '졸업하면 서른인데, 졸업하면 서른인데, 졸업하면 서른인데…' 이렇게 제 자신을 닦달하며 살았습니다. 그 스트레스가 쌓이다 보니 건강에 문제가 생겨 1년 동안 휴학하게 되었고, 이제 고민은 '졸업하면 서른하나인데, 졸업하면 서른하나인데…'로 넘어가 버렸습니다.

고민의 결과로 발전을 해야 하는데 그 고민이 오히려 졸업을 1년 늦춰버렸고 당시 결혼하고 싶었던 여자와도 이별하게 되었지요. 반복되는 고민으로 얻은 것은 상실과 초조함뿐이었습니다.

"당신은 강의를 일찍 시작한 편인데, 서른까지 그렇게 고민만 했음에도 어떻게 지금처럼 강의를 하게 되었나요?"

이어지는 질문은 이랬습니다. 질문을 받고 생각해보니, 지금 제가 하는 강연 일에 근본적으로 도움을 받은 것은 역설적이게도 대학 시절이었습니다. 그 시절에 정기적으로 했던 일들이 있었습니다. 정기적으로 교수님께 성악 레슨을 받은 것, 1년에 두 편씩 오페라 제작에 참여해서 소품 만드는 것부터 주연까지 해봤던 것, 교수님께서 다른 사람을 레슨할 때 어떻게 코칭하는지 곁에서 지켜보고 노트를 작성한 것, 지휘법 수업을 받은 것, 따로 연기 수업을 받으러 대학로에 다닌 것… 이런 것들이 제게 남았습니다. 좋아서 한 것도 있고 학생이기 때문에 어쩔 수 없이 한 것도 있지만, 정기적으로 한 일들만이 큰 배움으로 남아 있었습니다.

'그럼에도 불구하고' 한 것만이 남습니다.

전 모두가 남는 장사를 했으면 좋겠습니다. 이래도 저래도 남는 장사를 하는 게 좋잖아요. 인생에 있어서도 마찬가지입니다. 1년 살았으면 뭐가 남아도 남는 게 있어야 합니다. 제 올 한 해를 돌아보니 영화를 시작하고 꾸준히 연기 수업을 받은 것, 현역 배우들에게 영화와 삶에 대한 코칭을 받은 것이 남았습니다. 반면에 디스크로 몸이 좋지 않음에도 '오늘은 너무 추워서, 오늘은 기운이 없어서, 오늘은 일정이 바빠서' 등 갖은 핑계를 대며 운동을 하지 않았다는 아쉬움이 남았습니다.

> 삶은 핑계로 가득합니다.
> 우리는 "그래서 못 했어"라고 말하곤 합니다.
> '그래서 못 한 것'은 남지 않고
> '그럼에도 불구하고 한 것'만이 남습니다.
> 어쩔 수 없이 해야 하는 일들을 적어보세요.

제 결론은 이렇습니다. 근심하고 고민해서 남은 것은 더 나빠진 상황밖에 없고, 정기적으로 받은 레슨만이 삶에 남았다는 것입니다. 그런데 그 레슨은 다 좋아서 한 것이 아니었어요. 어쩔 수 없이 해야 했고, 학생이어서 해야 했고, 어렸으니까 해야 했습니다. 성인이 되면 변화하기 어려운 까닭은 성인이 되면 '어쩔 수 없이 해야만 하는 상황'에 자신을 몰아넣으려 하지 않기 때문입니다. 자신이 상황을 컨트롤할 수 있으니까요. 성장하지 않는 어른이 되기 싫어 저는 직원들과 함께 표를 하나 작성했습니다. 이름 하여 '어쩔 수 없이 해야 하는 일들의 표'.

코에 코뚜레를 끼고 성장하는 어른이 되세요.

하루에 물 1.5리터 이상 마시기, 하루에 책이나 영화 대본 30분 이상 보기, 하루에 30분 이상 운동을 주 5회 하기 등등. 직원들에게 같이 하자고 해놓고 안 할 수 없으니 70퍼센트 이상은 실행하고 있습니다. 여러분도 이런 리스트를 작성해보세요. 어쩔 수 없이라도 하기 위해서 말이죠.

우리 삶이 마감될 때가 언제인지는 모르지만 무언가 남았으면 좋겠습니다. 제 경험상 확실한 건, '걱정'은 뭔가를 남게 하지 않습니다. 무언가를 남게 하려면 몸을 움직여야 합니다. 그리고 자신이 이미 어른이라고 생각한다면, 이렇게 자신의 코에 코뚜레를 끼는 것도 방법입니다. 그러지 않으면 성장은 하지 않고 머리만 커진 이상한 어른이 되고 맙니다. 평가만 내리고, 생각과 삶은 애 같은…. 흔히 '꼰대'라고 하죠. 자신이 어른인지 꼰대인지 돌아보세요. 내가 잘 변하지 않는다면 성장하지 않고 있다는 의미일 수 있습니다. "난 참 안 변해. 난 참 한결같아." 이 말은 자랑이 아닙니다. 이젠 다 안다고 생각했는데 그 생각이 성장을 방해하고 있을지도 모릅니다. 어쩔 수 없더라도, 불편하더라도, 성장하기 위해 코뚜레를 끼우세요. 그렇게 성장하는 어른이 되세요. 그게 우리 삶에서 가장 남는 장사입니다.

어른이 되고 싶다면, 선생님을 찾고 배우십시오

자신에게 분별력이 없다고 생각될 때는 좋은 책이나 선생님을 믿으세요. 신뢰할 만한 기관이나 단체, 멘토를 두고 그분을 따르세요. 그러다가 어느 정도의 분별력이 생기면, 그때는 모든 사람이 우리의 빛이 되어줄 수 있습니다.

대학교 시절에 만난 교수님이 계십니다. 당시 저는 전투적인 사람이었어요. 동기들은 예술고등학교에서 전문적인 교육을 받다가 대학교에 온 갓 스물 된 친구들이었는데, 저는 공업고등학교에서 납땜하다 와서 입문자용 바이엘을 겨우 치는 수준에, 나이도 스물다섯이었거든요. 그래서 온갖 독기를 뿜어내면서 친구들과 어울리지도 않고 혼자 다녔습니다. 그런 제가 노래를 불렀으니 얼마나 딱딱하고 비장하게만 불렀을까요. 상상이 가시죠? 눈과 어깨에 힘을 딱 주고 노래 부르는 제 모습을 보시고 교수님께서는 이렇게 말씀하셨습니다. "놔. 놓고 해." 저는 그 말씀이 무슨 의미인지 모르고 제대로 가르치지 않는 교수라고 투덜거렸습니다.

하루는 가을이었고, 학교 캠퍼스가 참 예뻤습니다. 교수님께서 창밖을 가리키며, "창옥이, 가을 보여?"라고 물으시더군요. 저는 또 "무슨 말인지 모르겠습니다"라며 어서 수업을 진행하시기를 바랐지요. "너는 지금 노래를 아무리 해도 안 돼. 노래는 보여주는 게 아니야. 보여지는 거지. 노래는 들려주는 게 아니야. 들려지는 거야. 네가 음악과 관계를 잘 맺을 때 그것이 들려지고 보여지는 거야. 그런데 너는 노래를 보여주려고 해. 사람이 사는 것처럼 노래해야 하는 거야. 노래하는 것처럼 살아. 창옥이, 나가서 가을 보고 와." 저는 또 어리둥절하면서 "안녕히 계십시오" 하고 나왔지요.

뭣도 모르면서 그 교수님께 그렇게 1년 반 동안 레슨을 받았습니다. 그렇게 다음 해가 되자, 드디어 가을이 보이더군요. 몸도 좋아지고 마음도 좋아지면서 목소리도 함께 좋아졌습니다. 그동안은 교수님을 만나면서도 만난 것이 아니었습니다. 1년 반이 지난 어느 날 선생님께서 하신 말씀이 제 몸에 들어와 발현되더니, 그제야 선생님이 보이기 시작했고 선생님 말씀이 들리기 시작했습니다. 선생님은 이후 10여 년 동안 제게 노래를 통해 사람의 모든 동작과 행동, 표정을 가르쳐 주셨습니다. 저는 제가 변화하는 모습을 보고, '나도 사람들을 안내해 보고 싶다'는 생각을 하게 되었습니다. '사람의 마음을 열고, 소통하고, 변화하는 것을 돕고 싶다.' 그렇게 전 강연을 시작했습니다.

선생님은 내가 어디에 있는지, 어디로 가야 할지를 알려줍니다. 마치 항해사가 빛나는 별을 보고 나의 위치를 정하고, 내가 어디로 갈지를 정하는 것처럼 말이죠.

우리 인생에 스타가 필요합니다.

'빛나는 별'

그것을 보고 내 위치를 잡고 앞으로 나아가십시오.

감정근육 키우기

주제넘지만 강의 잘하는 비법 하나를 소개하겠습니다. 어쩌면 이것은 영업을 잘하는 방법과도 비슷합니다. 사실 저는 제 강의를 한 번도 강의라고 생각한 적이 없습니다. 제가 교육 전공자도 아니고, 제가 전달하는 콘텐츠가 남들이 전혀 모르는 거라고 생각하지도 않습니다. 오히려 제가 하는 이야기는 우리가 다 알 법한 이야기, 일상에서 어느 정도 봤고 경험한 이야기입니다.

쉽게 말해, 영업자가 전무후무한 획기적인 물건을 팔 때가 있고, 사람들이 영원히 쓸 수밖에 없는 물건을 팔 때가 있어요. 홈쇼핑에서 파는 제품들은 없으면 죽는, 그런 물건들이 아니잖아요. 있으면 좋고 없어도 사는 데 큰 지장은 없는 물건들이죠. 근데 그게 엄청 팔려요. 강의도 똑같습니다. 제가 강의를 수천 번 했지만 제가 하는 이야기는 우리가 이미 알고 경험한 이야기, 함께 공감하고 마음을 나눌 수 있는 이야기입니다. 이 이야기가 흔히 말해 '유통'되고 있는 거지요.

즉 강의나 영업에서 가장 중요한 것은 '지식'이 아닌 '감정'입니다. 제가 하는 이야기가 비록 획기적인 지식은 아니지만 감정은 전달되고 거기에 사람을 움직이는 힘이 있다고 생각합니다.

가장 중요한 감정, 그 근육을 키워보세요.

우리 인생에서 가장 중요한 근육은 '감정근육'입니다. 사람을 대하는 감정근육. 감정근육이 없는 사람은 자신의 현재 감정 상태로만 사람을 만납니다. 기분이 좋으면 좋은 대로, 나쁘면 나쁜 대로, 자신의 '지금' 감정 상태로만 사람을 대합니다. 그렇게 감정대로 행동해놓고 본인은 이것을 '진실한 것'이라고 생각합니다. 기분대로 해놓고 진실하다고 생각하는 거죠. 기분이 좋지 않은데 밝은 척하는 건 가식이라고 생각하고요. 그런 분들 대부분이 감정근육이 부족한 사람입니다. 강의할 때나 물건을 팔 때는 즐겁게 해야 합니다. 사람들이 저에게 원하는 것도 진실과 밝음이고요.

한번은 노조위원들과 회사 임원들이 함께 있는 자리에서 강의한 적이 있습니다. 저는 강의를 통해 동시에 이들을 만족시켜야 했습니다. 사회자는 저에게 노사가 하나 되게 해달라는 요청을 했고요. 이럴 땐 감정근육이 발휘돼야 합니다. 사람들이 반응을 안 보여도, 사람들의 반응에 영향을 받지 않는 제 감정근육이 있어야 합니다. 아니면 저도 기분이 나빠집니다. '왜 날 불렀지? 이거 나보고 어쩌라는 거야. 이거 우리 직원이 섭외에 응했나? 그 직원, 돌아가서 좀 보자.' 계속 이런 생각에 사로잡혀 있으면 얼굴과 태도가 경직되고, 그에 비례해 제 콘텐츠는 열 배, 백 배로 가치가 떨어집니다. 이럴 땐 감정근육을 끌어 모아 사용해야 합니다.

말을 예쁘게 하는 사람 = 리액션이 좋은 사람

굉장히 간단한 기술인데요, 사람들은 말을 예쁘게 하는 사람과 중장기적 관계를 가지려 합니다. 여기서 말을 예쁘게 한다는 건 콧소리 가득 넣은 애교 섞인 말을 하라는 게 아닙니다. 말을 예쁘게 한다는 건 '리액션'이 좋다는 걸 뜻합니다.

남편이 "여보, 오늘 매운탕 먹을까?"라고 했을 때, 매운탕이 먹기 싫으면 살짝 미소 지으며 "어떡하지? 집에 마땅한 재료가 없네"라고 말하면 됩니다. 이런 리액션은 '내가 너를 거부한 것이 아니라 다만 상황이 안 좋을 뿐이야'라는 의미를 전합니다. 그런데 여기서 "그래 그러지, 뭐"라는 긍정의 말을 전해도 표정이 무덤덤하면 상대는 '만날 지가 좋아하는 거 먹으려고! 이기주의자 같으니!'라고 말한 것처럼 받아들입니다. 사람들은 이런 사람과는 정신적 관계를 맺으려 하지 않지요.

남자든 여자든, 결혼생활에서도 사회생활에서도 말을 예쁘게 하는 것이 필요하고, 말을 예쁘게 한다는 건 리액션이 좋다는 걸 의미합니다. 이때 필요한 것이 감정근육입니다.

근육은 무엇을 들 때 사용하는 것입니다. 그리고 '든다'는 것은 곧 '저항'을 말해요. 근육이 좋다는 것은 이 저항을 이겨내 들고야 마는 것을 의미합니다. 감정근육이 좋으면 감정의 저항을 잘 이겨낼 수 있습니다. 이것이 실질적인 인간의 사회활동이고, 인간관계의 비밀입니다.

가령 고객이 날 거부해도 다가가는 사람이 있어요. 감정근육이 좋은 사람이죠. 그런데 감정근육이 좋지 않은 사람은 고객이 날 외면했다고 속으로 구시렁댑니다.

근육을 못 쓰면 저항을 이겨내지 못합니다.

제가 얼마 전에 오토바이를 타다가 오른쪽 손목을 다쳤어요. 오른쪽 손목 관절이 상해서 근육을 못 쓰니 오른손만 못 쓰는 것이 아니라 전체적인 균형 감각이 떨어져 버렸습니다. 강연 마이크를 드는 가벼운 저항도 이기질 못했습니다. 더 중요한 것은 제가 저항받을 일이 생기면 미리 멈칫멈칫한다는 거예요. 오른손을 써야 할 때 손목에 가해질 저항이 두려워 주저하게 되는 거지요.

우리 삶에도 똑같은 현상이 일어납니다.

우리 감정은 다양한 이유로 다칠 수 있습니다. 누군가에게 버림받을 수도 있고, 어린 시절 한창 예쁨 받아야 할 때 그러지 못했을 수도 있고, 내 존재를 깎아내리는 말을 들었을 수도 있어요. 그렇게 감정근육이 상처받으면 본능적으로 감정근육을 사용하는 걸 싫어하게 됩니다. 잘 사용하지 못할뿐더러, 사용해야 하는 상황이 오면 주저주저하게 되는 거지요. 그리고 '나는 사람 만나는 게 잘 안 맞아. 나는 원래 사람들과 섞이는 걸 좋아하지 않고 혼자 있는 게 좋아'라고 합리화합니다. 물론 혼자가 좋은 사람들도 있겠지만, 많은 경우 혼자가 좋은 게 아니라 감정근육이 없어서 사람들과 잘 어울리지 못하는 것입니다.

감정근육, 재활운동으로 살릴 수 있습니다.

추신수 선수가 왼쪽 새끼손가락 근육을 다쳐 성적이 좋지 않던 때가 있었습니다. 사람들은 인정사정없이 욕을 해댔습니다. 연봉이 아깝다는 소리까지 했죠. 제 예를 들자면, 기업체 강의를 갔는데 강의가 마음에 들지 않는다고 강사료를 못 주겠다는 말을 들은 적이 있습니다. 그럴 때 자존심이 상합니다. 돈, 외모, 학력, 재능, 집안과 연결된 것으로 공격해 올 때 우리는 마음이 상합니다. 하지만 추신수 선수는 부상을 치료하고 감정의 상처를 극복해냈습니다. 홈런을 엄청 쳤죠. 이렇게 육체의 근육을 치료하듯 감정근육도 살릴 수 있습니다. 먼저 어디를 언제 다쳤는지 알아내는 게 중요합니다. 그것만 알아도 이미 절반은 치료한 셈입니다. 감정근육만 건강해도 사회에서 잘할 수 있는 일이 무척 많습니다.

살다 보면 감정이 상할 때가 올 것입니다. 누군가에게 거절당하거나 미움받을 수 있겠죠. 때로는 나 자신이 마음에 들지 않을 수도 있어요. 내가 정말로 원하던 일이 안 될 수도 있고요. 이 모든 것이 감정의 문제입니다. 그렇게 감정이 어그러지는 순간, 의도치 않은 일을 '홧김에' 할 수 있습니다. 감정이 상한 상태에서 말이나 행동을 하는 거지요. 정리가 되고 나면 그렇게 말하지 않을 일이었어요. 내 마음이 누그러지면 그렇게 행동하지 않을 일이었어요. 그런데 우리는 화라는 감정에 사로잡히면 사랑마저 강한 분노로 바꾸어버립니다. 사람에 대한 기대와 진실한 마음이 부정적이고 강한 에너지로 바뀌어버리는 거지요. 만약 그 감정에서 조금 벗어날 수 있었다면, 감정이 넉넉했더라면 그러지 않았을 텐데요.

지금 당신의 감정은 어떠한가요?
당신의 감정은 안녕한가요?

지금 감정근육이 상처받아 힘들다면 이 점 한 가지만 기억해주세요. 운동 선수에게는 근육 부상이 가장 치명적이지만, 그렇게 찢어졌다 붙었다 찢어졌다 붙었다 하며 더 강한 근육을 만들기도 합니다. 근육이 다쳤을 때 내가 왜 다쳤을까, 어디가 다쳤을까를 알아내고 재활운동을 하고 치료를 하면 더 강한 근육을 가질 수 있습니다. 당신은 다시 좋아질 수 있습니다.

감정의 팽이치기

감정에도 완급 조절이 필요합니다. 팽이를 돌릴 때랑 똑같습니다. 팽이가 잘 돌아가지 않고 쓰러질 것 같을 때는 힘껏 쳐주어야 합니다. 하지만 어느 정도 팽이가 돌아가면 편안하게 놔두어야 하지요. 계속해서 팽이를 치면, 되레 쓰러지고 맙니다.

강연을 할 때도 제 컨디션이 좋지 않거나 분위기가 좋지 않으면, 조금 오버를 하던지 헛소리를 살짝 해서라도 분위기를 띄웁니다. 그렇게 현장감이 살아나면 다시 긴장하지 않고 편안하게 강연을 이어갈 수 있습니다. 그러지 않고 내내 레크리에이션 강사처럼 강하게 에너지를 어필하면, 저도 듣는 이도 편안하지 않을 것입니다.

허용되는 범위 안에서 때때로 감정을 풀어주세요.

안 그러면 갑자기 독기가 나갑니다. 가장 피해를 보는 건 가까운 사람, 즉 내 가족이지요. 괜스레 자식이나 배우자에게 소리를 지르게 됩니다.

인상을 쓰고 싶을 때는 쓰세요. 허용되는 범위 안에서요. 그러지 않으면 얻는 것에 비해 잃는 것이 더 많아집니다. 극도로 친절해 보이지 않아도 괜찮습니다. 힘들면 잠시 멍 때리며 축 처져 있어도 괜찮습니다. 그렇게 해야 롱런할 수 있습니다. 30년 넘게 서비스직에 종사한 분들에게는 밝음만 있는 것이 아닙니다. 특유의 안정감, 편안함, 사람을 부담스럽게 하지 않는 스킬, 영업이 안 되면 물러날 줄도 알고 다시 고객에게 다가가는 노하우가 있습니다.

감정도 삶도 완급 조절이 필요합니다.
어느 정도 팽이가 돌아가면, 편안하게 가세요.

진정한 휴가를 떠나십시오

지난 주, 강의가 있어 남해에 다녀왔습니다. 일 때문에 갔지만 그 1박 2일이 저에겐 진정한 휴가처럼 느껴졌습니다. 정말 좋은 휴가를 맛보니 '진정한 휴가'가 무엇인지 다시 생각해보게 되더군요.

휴가는 충전입니다. 마치 하루 종일 쓴 핸드폰 배터리를 충전기에 꽂아 충전하듯 말입니다. 근데 휴가를 제대로 못 가면, 휴가 가서 돈만 쓰고 몸은 힘들고 현실 적응은 안 되고 곧 다시 출근해야 할 회사가 미워집니다. "로또나 돼라"로 마무리 짓는 그런 휴가 말입니다.

우리는 자기가 좋아하는 것을 할 때, 자기가 좋아하는 사람과 있을 때, 자기가 좋아하는 장소에 있고 자기가 좋아하는 것을 볼 때 충전이 됩니다. 좋아하면 집중합니다. 그런데 자신이 무엇을 좋아하는지조차 모르는 분이 많습니다.

기도하거나 명상할 때 인간의 뇌파와 호르몬은 상당히 안정됩니다. 최근 뇌과학자들은 명상보다 수십 배, 수백 배 뇌파와 호르몬이 안정되는 경우가 바로 '감사함을 느낄 때'라고 밝혀냈습니다. 고맙다고 느낄 때, 비가 오더라도 '아, 빗소리 너무 좋다', 눈이 오더라도 '아, 눈 내리는 풍경이 참 좋네'라고 말할 때 인간의 몸에서 그런 일이 벌어지는 거죠.

우리는 좋아할 때 집중합니다. '집중'을 쉽게 풀어 말하면, 몸도 여기 있고 마음도 여기 있는 것입니다. 몸과 마음이 함께 있는 상태지요. 하지만 우리는 회사에서는 집 생각, 집에서는 회사 생각을 합니다. 회사에서는 휴가 계획을 세우고, 휴가 가서는 또 돌아가야 할 회사 걱정을 합니다. 한국에서는 외국 가서 살고 싶어 하고, 외국 갔더니 그래도 한국이 나았다고 생각합니다. 이렇게 몸과 마음이 함께 있지 않습니다. 어딘가에 머물지 못하고 떠도니 피곤만 합니다. 충전이 될 리가 없죠.

좋아하는 것을 아는 사람은 쉽게 충전할 수 있습니다. 좋아하는 것을 하고 좋아하는 곳에 머물며 자신을 충전할 수 있으니까요. 그런데 왜 대부분의 사람들은 자신이 좋아하는 것을 알지 못할까요? 분명 어렸을 때는 알았을 텐데, 우리가 자라면서 점점 잃어버렸는지도 모릅니다.

지금 당신이 좋아하는 것을 안다면
정말 행복한 사람입니다.

어쩌면 우리 마음이 바라는 건 대단한 것이 아닐지도 모릅니다. 어떤 사람에게는 노래 부르는 시간이, 또 어떤 사람에게는 그림 그리는 시간이 휴가가 될 수 있습니다. 만약 매일 짧은 시간이라도 자신이 좋아하는 걸 할 수 있다면, 매일이 휴가고 매일이 충전이 될 수 있습니다. 다른 일로 생긴 스트레스가 쌓일 새가 없습니다. 사람은 자신이 좋아하는 것에 몰입할 때 스트레스가 사라집니다.

사실 저는 제가 좋아하는 것을 잘 알고 있었습니다. 어려서부터 바닷가에서 자란 까닭인지 자연에 있을 때, 동물을 만날 때, 그리고 새로운 경험을 할 때를 좋아합니다. 이럴 때 충전이 되지요. 그런데 인간이 자주 범하는 오류가 있습니다. 자신이 알고 있으니까 그것을 했다고 착각하는 오류. 자신이 좋아하는 것을 알기 때문에 그걸 언제든지 할 수 있다고 생각하는 사람들이 있습니다. 저도 그랬던 거죠.

강의를 위해 지방에 내려갈 때마다 도로 옆 시골마을을 보며 '아, 저기 참 좋다'라고 생각하지만 막상 브레이크를 밟거나 방향을 틀지는 못합니다. 바쁜 일정만 소화하고 올라오기 일쑤지요. 그래서 이번엔 작정하고 미리 남해에 내려가 맛있는 식당을 찾았습니다. 그곳에서만 맛볼 수 있는 음식을 천천히 먹고 편한 옷차림으로 마을을 돌아다니며 가게에서 아이스크림도 사 먹었습니다. 대단한 것을 하진 않았지만 그게 너무 좋았습니다. 어린 시절, 우리 집안이 얼마나 불우한지, 부모님이 얼마나 힘들게 사시는지 잘 모르고 마냥 즐겁기만 하던 그 시절로 돌아간 것 같았습니다.

어딘가로 향하는 큰 도로에서 제가 좋아하는 작은 도로로 오는 데 걸린 시간이 10년. 대단한 돈이 드는 것도 아니고 엄청난 거리도 아닌데 왜 제가 좋아하는 이곳으로 오는 데 10년이라는 시간이 걸린 걸까요? 저는 왜 충전이 이토록 어색했을까요?

아이들의 휴가는 곧 부모님의 휴가입니다. 어린 시절, 막노동을 하시는 아버지는 따로 휴가가 없었습니다. 비가 와 일이 없는 날이 휴가였습니다. 그런 날은 아버지가 노름을 하는 날이기도 했습니다. 지금도 비 오는 날이면 그때의 기억이 떠오릅니다. 저에게 비 오는 날, 눈 오는 날은 다 슬픔이었고, 어린 창옥이의 무의식에 '휴가'는 곧 불안함을 의미했습니다. 아버지가 돈을 벌지 못하니 불안하고 아버지가 사고를 치니 불안하고 곧 엄마와 다툼이 일어날 것 같아 불안하고. 그 생각은 곧, 일하는 게 제일 좋다, 일할 때 아무런 문제가 일어나지 않는다, 라는 생각으로 자리 잡은 듯합니다.

그래서였을까요. 저는 제가 원하는 것을 알고 있으면서도, 그 어린 시절에서 이미 멀리 벗어났으면서도 두려웠나 봅니다. 차로 1분이면 도착할 수 있는 곳에 오는 데 왜 10년이나 걸렸을까 생각해보면 말입니다. 그래도 다행이었습니다. 더 늦기 전에 알게 되었으니. 더 늦기 전에 조금씩 시도해보았으니.

'아, 내가 충전이 두려웠구나. 여유가 낯설었구나.'

그걸 깨달은 것이 최근 제 삶의 가장 큰 수확이었습니다.

내 문제를 안다고 치유된 건 아닙니다.

하루는 아이가 열이 40도가 넘어 열경기를 일으켰습니다. 당장 대학병원 응급실로 달려갔지요. 경황이 없는 제게 의사는 한 스무 가지 질문을 퍼부었습니다. 언제부터 열이 났는지, 잘못 먹은 건 없는지, 부작용을 일으키는 약은 없는지 등등. 질문을 받은 후 병상을 안내받았는데 또 다른 의사가 오더니 똑같은 질문 스무 개에 덧붙여 열 개의 질문을 더 물어봤습니다. 그때까지도 아이에게는 아무런 조치를 해주지 않았습니다.

화가 났지만 어쩔 수 없이 기다리는데 채 1분이 지나지 않아 다른 의사가 와서 똑같은 질문 서른 개를 늘어놨습니다. 저는 도저히 참을 수가 없어 크게 고함을 질렀습니다.

"지금 뭐 하시는 겁니까? 아이가 아파서 열이 40도가 넘어가는데 똑같은 말을 몇 번 묻는 거예요?"

"소리 지르지 마십시오."

"제가 소리 안 지르게 생겼어요? 왜 똑같은 말을 세 명이 돌아가면서 아무런 조치도 없이 묻는 겁니까?"

그렇게 치료를 받고 다음 날 친구와 이야기를 나누면서 어쩌면 제가 그 의사들과 비슷할지 모른다는 생각을 했습니다. 저는 어떤 현상을 보면 그걸 분석하고 다시 곱씹어보는, 재능이라면 재능이 있습니다. 과거에는 미래를 여는 키가 있으니까요. 과거를 분석하면 현재 당면한 문제의 원인을 알아낼 수 있는 거죠.

근데 저는 마치 그 의사처럼 질문하고 분석해서 원인을 알아내면 그걸로 됐다고 생각했던 것입니다. 제 안에 있는 정신적인 문제들도 그렇게 알아내놓곤 치유했다 착각해온 것입니다. 실제로는 어떤 의사도 그 아이의 상태를 봐주지 않았는데 말이죠. 저도 제 자신에게 그래왔던 것입니다. '나는 인간의 심리에 관심이 많고, 소통을 공부하고, 많은 사람의 이야기를 들으며 내면의 문제를 공유하니 내 안의 문제를 해결했다'고 생각한 것입니다. 과거의 모든 상처를.

쉬지 않고 일하면 면역력이 떨어집니다.
그리고 억울해진대요. 그리고 화가 납니다.

우리 모두 휴가 갑시다. 지금 바쁘다고, 아니면 저처럼 휴가가 낯설어서 안 가시면 나중에 인생이 억울해질지도 모릅니다. 그러곤 이렇게 생각하겠죠. '난 제대로 된 휴가 한번 간 적 없어. 죽어라 일만 했어. 아이만 봤어. 나 없이는 아무것도 안 돼.'

하지만 내가 없어도 세상은 잘만 돌아갑니다. 죽을 둥 살 둥 해봐야 들려오는 건 험담일 때도 있습니다. 그럼 인생 참 억울해집니다. 나중에 괜히 억울해하지 마십시오. 삶의 균형이 깨져 면역력이 떨어지고 후회하지 마십시오. 내가 어디에서 충전이 되는지, 어디에서 집중하는지, 어디에서 이완이 되는지 알아내십시오. 그리고 휴가를 떠나십시오. 내 영혼이 살아 숨 쉬는 지점. 꼭 휴가철이 아니더라도 일상에서의 휴가를 찾으십시오.

혹시 내 곁에 있는 사람이 잘 삐치나요?

그건 힘들고 슬프고 외롭다는 표현입니다.

지금 뭔가 화가 나고 억울한가요?

그건 당신도 힘들고 슬프고 외롭다는 의미일 수 있습니다.

내 마음에 툇마루가 있다면

　프랑스 파리에서 건축 설계를 하는 젊은 건축가 백희성 씨가 있습니다. 우연한 기회에 만나 친해졌는데, 그 친구가 들려준 건축 이야기 속에서 몇 가지 삶의 실마리를 발견했습니다.

　한번은 그 친구와 호텔에서 함께 강의를 하게 됐습니다. 그 친구가 하는 말이, 건축에는 사람의 기를 죽이는 건축이 있다고 합니다. 일단 출입문의 높이를 높이면 사람이 위축된다고 합니다. 출입문의 높이가 적당히 낮아야 사람이 안정감을 느끼고요. 그러면서 이런 말을 덧붙이더군요.

　"저는 건축을 위한 건축은 하고 싶지 않습니다. 사람을 위한 건축을 하고 싶지, 건축이 사람의 기를 죽이는 건축은 하고 싶지 않습니다."

그 친구에게는 주로 회장이나 사장이 건축을 의뢰한다고 해요. 사전 미팅에 가서 건축주에게 먼저 부탁한다고 합니다. 당신이 좋아하는 물건이나 가구가 있다면 그걸 보여달라고요. 건축주의 취향을 파악해 설계하려는 의도이지요. 하지만 대부분 딱 잘라 답한다고 합니다. "그런 건 없네. 내가 프랑스 잡지를 봤는데 이 집이 마음에 드네. 이렇게 해주게"라고요. 그러면 그 친구는 "저는 조수가 아닙니다. 저는 건축가입니다. 저는 건축주와 상의해서 건축주가 원하는 세계를 구현하고 싶지, 자재를 싸게 끌어다가 잡지에 나오는 것과 똑같은 집을 짓고 싶지는 않습니다"라고 답한다고 합니다.

저는 건축에 대해 별로 아는 바가 없지만, 일단 공간이 넓으면 좋다고 생각했습니다. 넓으면 좋잖아요. 넓은 게 편하고 넓은 게 아름답다고 생각했습니다.

관계를 맺을 때도 사람의 마음 공간이 넉넉하면 좋듯이요. 때론 누군가 내게 실수할 수도 있지요. 때론 누군가 내게 기대 쉬고 싶을 수도 있습니다. 그렇게 많은 사람이 들어오고 널브러져 쉴 수 있으려면 내 마음의 공간이 넉넉해야 합니다. 공간은 빛이 들어올 때 열립니다. 그리고 그 빛은 삶에서 만나는 진실이나 깨달음인 것 같아요. 그래서 성직자나 마음공부를 하시는 분들의 마음 공간이 넓디넓은 것이지요. 저도 그렇게 마음 공간이 넓은 사람이 되고 싶었습니다. 그런데 공간만큼 중요한 것이 있다는 사실을 뒤늦게 알게 되었습니다.

공간만큼 중요한 것은
내가 편히 앉을 수 있는 의자입니다.

백희성 건축가가 회장실의 특징을 이야기해주었습니다. 회장실은 일단 굉장히 넓다고 합니다. "넓으면 좋은 거 아닙니까?" 하지만 그 넓은 공간에 회장 책상과 의자만 있습니다. 마치 '보고했으면 얼른 나가'라고 말하는 것처럼요. 넓은 공간에 들어온 사람들이 자기 자리를 찾지 못해 어색해하고 뻘쭘해합니다. 마음 편히 앉을 의자가 없어 서 있어야 하니 불안하지요. 저는 지금까지 공간의 넓이만 중요하게 생각했습니다. 잠시 앉아 쉴 의자를 생각해본 적은 한 번도 없었던 것입니다.

당신 안에는 당신이 쉴 의자가 있나요?
내 곁에 있는 사람이 잠시 와 쉴 의자가 있나요?

내 마음에 의자가 몇 개 정도 있나 한번 생각해보세요. 저는 강연을 하면서, 많은 사람을 만나면서 그래도 어느 정도 마음 공간이 넓어졌다고 생각해왔습니다. 그런데 아차, 싶었습니다. 편히 앉을 의자 하나 없이 공간만 넓은 마음이라면… 황량한 인간이 될 수도 있으니까요.

당신 안에는 다른 이가 앉을 의자가 있나요? 어차피 다 손님입니다. 자식도 손님, 남편도 손님, 아내도 손님, 부모님도 손님, 친구들도 손님입니다. 내 마음에 찾아오는 손님을 위한 의자가 충분히 있나요? 아니, 그 전에 나 자신이 앉을 의자는 마련되어 있나요? 저는 제가 앉을 의자가 없다는 것을 느꼈습니다. 공간은 꽤 넓어졌지만, 정작 내가 편히 앉을 의자는 없더군요.

그 친구는 덧붙여 이야기했습니다.

"선생님, 한국의 건축 문화 중에 좋은 게 뭔지 아십니까? 바로 툇마루입니다. 방과 마당 사이에 있는 좁은 마루, 툇마루 말입니다. 사람들이 남의 집에 오자마자 신발 벗고 안으로 들어가기 불편하잖아요. 그러니 신을 신은 채로 이 툇마루에 앉아서 대화를 하다가 마음이 열리면 신을 벗고 방으로 들어가는 겁니다. 이게 한국의 건축 철학입니다. 주인과 손님 모두를 배려하는 공간을 만들어놓은 거지요."

툇마루. 이 이야기를 듣고 생각했습니다.

'사람 마음에도 툇마루가 있으면 얼마나 좋을까?'

누군가 찾아왔을 때 바로 들어오라고 하지 않아도 되고, 상대방도 바로 들어오기 어려울 테니 한 템포 쉬었다가 들어올 수 있는 공간이 있다면 얼마나 좋을까요. 한국의 건축 양식이 단순한 줄로만 알았지, 툇마루라는 작은 공간 안에 이런 철학이 담겨 있는지는 몰랐습니다.

한번 돌아보세요. 내 마음에 툇마루가 있는지, 없는지. 나 자신이 쉴 만한 공간이 있는지, 그리고 손님이 찾아왔을 때 잠시 앉아 쉬었다 갈 공간이 있는지.

살다 보면 반갑지 않은 손님도 찾아옵니다. 권태도 손님, 무기력도 손님, 열정이 식는 것도 다 손님입니다. 직장생활 열심히 하다가도 재미없는 순간이 찾아오기 마련입니다. 마냥 신날 수만은 없습니다. 아이도 늘 사랑스럽지만은 않습니다, 솔직히. 매일같이 아이를 돌보는 부모는 지치기 마련입니다. 어떻게 계속 좋기만 하겠어요. 저는 그게 당연하다고 생각합니다. 힘들고 지친, 부정적이고 어두운 손님이 찾아올 때 우리 마음의 툇마루에 잠시 앉았다 가시라고 하세요.

"더우니까 얼른 들어와. 추우니까 얼른 들어와." 상대방을 배려해서 이렇게 말합니다. 그런데 상대방이 바로 들어오지 못하는 이유가 있을 거예요. 당신의 아이가, 당신의 연인이, 배우자가, 동료가 당신 마음 앞에서 머뭇대고 있다면 기다려줘야 합니다. 내 마음 공간 넉넉하니 어서 들어오라고 재촉하지 마십시오. 그들에게도 툇마루에 앉아 마음의 준비를 할 시간이 필요합니다.

　　우리 마음에도 공간이 있고,
　　편하게 쉴 만한 의자 한두 개쯤 있었으면 좋겠습니다.
　　마당에는 툇마루를 놓아두고요.

집주인과 세입자

사람은 답답할 때, 일이 잘 안 풀릴 때, 속이 상할 때 한숨을 내쉽니다. 의학적으로 한숨은 마음과 몸의 상태가 불안정할 때 호흡을 내뱉으면서 편안한 상태로 돌아오는 기능을 한다고 합니다. 따라서 숨을 깊고 길게 몰아서 내쉬는 한두 번의 한숨은 우리에게 참 좋습니다.

'편안'과 '평안'은 다릅니다.

사람에게는 평안한 상태가 있고, 편안한 상태가 있습니다. 돈을 많이 벌어 부자가 되면 편안해집니다. 집안일하는 전문 인력을 둘 수도 있고, 가전제품을 더 편리한 것으로 바꿀 수도 있지요. 차도 더 좋은 거

타고 다닐 수 있습니다. 그런데 편안이 반드시 평안과 연결되지는 않습니다. 전보다 훨씬 편안해졌는데, 평안하지 않는 경우가 있어요. 반면 불편해졌는데, 평안할 수도 있습니다. 두 마리 토끼를 다 잡은 상태가 아마 최상이겠지요.

어떻게 하면 편안하고 평안한 삶을 살 수 있을까요?

제가 아는 PD 형이 있습니다. 그 형 페이스북을 보면 딸 사진, 아들 사진이 많이 올라옵니다. 직접 대놓고 예쁘다고 적어놓지는 않지만, 글과 사진을 보면 아이에 대한 사랑이 절로 느껴지지요. 나날이 자라는 아이에 대한 신비, 사랑, 기쁨, 이런 마음이 굳이 말로 표현하지 않아도 폴폴 향기를 풍깁니다. 사실 남의 아이가 크는 것은 그렇게 신비하지 않을 수 있습니다. 하지만 자기 아이가 크는 것은 우주만큼이나 신비합니다. 뒤집었다, 섰다, 소변을 가렸다 등등 하나하나가 이벤트입니다. 부모와 친척들 사이에선 가장 큰 뉴스거리가 됩니다. 남의 집 자식은 그냥 '크는갑다' 할 뿐이죠.

제가 남양주로 이사를 간 뒤 마당에 나무를 심었습니다. 이름 모를 나무였지요. 별 기대 없이 심은 나무에 잎이 돋고 꽃이 피니 그렇게 신비롭고 좋을 수가 없었습니다. 저희 집 뒷산에는 나무가 수만 그루 있습니다. 꽃도 무척 예쁘게 피지요. 하지만 그 나무와 꽃이 신비한 적은 한 번도 없었습니다. 그냥 좋아 보이는 정도였지요. 반면 내 집 마당에 핀 조그마한 꽃은 그렇게 신비할 수가 없었습니다.

남의 집 아이가 어릴 적부터 머리가 비상하다고 하면 신기하기는 하지만 신비롭지는 않습니다. 남의 집 마당에 있는 나무는 신비하지도 감사하지도 않습니다. 나무가 그냥 거기 있을 뿐입니다. 왜 그런 걸까요?

저희 연구소 실장과 저는 같은 동네에 삽니다. 실장은 집 주변에 별 관심이 없습니다. 월세 살거든요. 저는 저희 집 주변에 상점이 하나 들어온다거나 도로를 공사한다거나 조경을 한다거나 하는 모든 일에 관심을 기울이기 시작했습니다. 옛날에는 그런 거 신경도 쓰지 않았거든요. 그런 제가 처음으로 한 마을에 들어가 집을 사고 정착하니 집 주변의 변화에 민감하게 반응하게 되더군요. 난생처음 부동산에 가서 동네 변화에 대한 문의도 했습니다.

삶에는 집주인처럼 사는 삶과
세입자처럼 사는 삶이 있습니다.
그 둘은 너무도 다릅니다.

삶의 집주인은 안 보이던 걸 볼 수 있습니다. 아마 사장도 마찬가지일 것입니다. 사장은 회사에 문 열고 들어오는 순간 시정해야 할 부분들이 눈에 쏙쏙 들어옵니다. 직원 눈에는 어제와 별반 다를 것 없는 일터일 뿐이지요. 갑자기 사장이 되지는 않습니다. 사장이 보는 걸 보는 사람은 사장이 될 확률이 높아집니다. 직원일 때부터 사장 눈에만 보이는 것을 같이 보고 사장 귀에만 들리는 것을 같이 듣습니다. 사장 말이 진리라는 것이 아니라, 삶의 주인으로 살면 다른 것들이 보이고 들린다는 것입니다.

이전에는 아무것도 아니었던 것들이 새롭고 신비로운 존재가 됩니다.

내 삶을 월세로 살지 마십시오.

세상을 월세같이 사는 사람이 있습니다. 부모에게 얹혀사는 사람, 배우자나 자식에게 얹혀사는 사람이 있습니다. 그게 습관이 돼서 자기 힘으로 살지 않고 자꾸 누군가에게 얹혀살려고 합니다. 조금 모자라도 내힘으로 살면 좋은데 그 습관을 고치기 어렵습니다. 어렸을 때 항상 밥얻어먹던 친구랑 똑같습니다. 돈이 있어도 밥 먹을 때 돈 한 번 낸 적 없던 친구는 나이 먹어서도 안 냅니다. 그리고 더 중요한 건 돈 낼 형편에도 이르지 못합니다. 힘든 친구에게 밥 한 번 산 적 없는 사람은 부자가안 될뿐더러 설령 부자가 된다 해도 돈을 잘 안 냅니다. 흉한 모습이죠. 존경받지 못하는 부자만큼 흉한 게 없습니다.

우리 삶은 소중합니다. 당신의 삶을 월세처럼 살지 않았으면 좋겠습니다. 왜냐하면 우리가 이 집의 주인이거든요. 관리, 우리가 하는 겁니다. 주인으로 사는 게 언뜻 불편해 보일지 몰라도, 주인으로 사는 삶이편안합니다. 월세처럼 살면 눈치 보며 사는 거지요.

제가 집을 샀을 때가 공교롭게도 집값이 떨어지는 시기였습니다. 돈을 제대로 벌어본 적이 없으니 어떻게 하면 돈을 모으는지 몰랐던 거예요. 덜컥 하락세인 집을 샀으니, 사고 나서도 집값이 계속 떨어지더군요. 10퍼센트, 20퍼센트, 쭉쭉. 그냥 화가 납니다. 아무것도 안 했는데 앉은 자리에서 돈을 까먹은 거니까요. 열심히 일해서 번 돈이 안개처럼 사라졌습니다. 예전에는 새가 지저귀면 '아~ 소쩍새다~' 하면서 산 근처에 사는 사람의 낭만을 즐겼는데, 이제는 '이놈의 새, 되게 시끄럽네!'라는 생각이 듭니다. 괜히 새 때문에 집값이 떨어지는 것 같고, 없던 피해의식까지 생기기 시작합니다. 집에 들어올 때와 나갈 때 계속 화가 납니다. 순간, 이렇게 사는 게 다 제 손해라는 걸 알아차렸습니다. 어차피 잃은 돈, 내 기분과 삶까지 잃을 필요는 없잖아요. 그래서 산으로 산책을 나가 마음을 다스렸습니다. '그래, 여기 있는 나무 수만 그루를 모두 내 집 정원수라고 생각하자. 우리 집 정원수를 시에서 관리도 해주니 얼마나 좋으냐.' 이렇게 마음을 비우고 바라보니 그 집이 정말 멋있더라고요. 그래, 때론 이런 전세자의 마음을 갖는 것도 필요합니다. 세상에서 빌려 누리고 사는 이 모든 것에 감사한 마음을 갖는 세입자, 빌려 쓰는 사람의 마음이요.

때로는 집주인처럼 살고, 때로는 세입자처럼 살아야 합니다.

때로는 주인의식을 가지고 살고, 또 때로는 '어차피 인생이라는 것 70년, 80년 전세 살다가 가는 거지'라며 마음을 놓아줄 줄도 알아야 합니다. 자식도 잠시 나에게 온 겁니다. 전세 들어왔다가 곧 스스로 독립할 겁니다. 그렇게 보면, 내게 오는 모든 관계가 귀한 손님입니다. '내 거다'라는 집착이 사라집니다.

당신은 지금 어떻게 살고 있나요?

집주인으로 살고 있나요?

세입자로 살고 있나요?

사는 곳을 묻는 게 아닙니다. 건물이 있는지 묻는 게 아닙니다. 우리 삶은 주인처럼 살아야 할 때가 있고 세입자처럼 살아야 할 때가 있습니다. 언제 그래야 하는지 스스로 구분할 수 있다면 삶이 평안해질 것입니다. 주인처럼 살아야 할 때 주변인 마냥 빙빙 내 삶 주위를 돌고 있지는 않나요? 주인처럼 안 살다가 정작 집착을 내려놓아야 할 때 주인 행세 하느라 내 마음, 남의 마음 가릴 것 없이 상하게 하고 있지는 않나요? 주인처럼 살 때와 세입자처럼 살 때를 스스로 구분할 수 있을 때 괜찮은 삶이 시작됩니다.

불우한 나를 도웁시다

포프리 사장님 이야기는 앞서도 많이 했지요. 저랑 굉장히 친한 사이입니다. 한번은 제 글씨를 보고 사장님이 그러시더군요.

"글씨를 참 잘 쓰시네요. 천재예요, 천재. 교수님은 글씨도 잘 쓰고. 노래 빼고는 다 잘하네요."

저는 성악 전공자고, 졸업한 뒤로도 10년이 넘는 시간 동안 일주일에 한 번씩 성악 레슨을 받았습니다. 그런 저에게 노래 빼고는 다 잘한다는 겁니다. 기분이 언짢았습니다. 제가 또 영혼이 작거든요. 내색은 안 했지만 기분이 나빴습니다. 그러면서 사장님이 또 "교수님, 제가 저희 회사 전진대회 때 전 직원 앞에서 노래를 부르려고요. 그래서 레슨을 받았거든요. 광주 심포니 오케스트라 지휘자에게요. 두 시간을 받았어요. 그

239

런데 제가 두 시간을 받고 알았어요. 제가 음치, 박치예요. 노래를 못해요. 그래서 노래 안 하려고요. 근데 교수님은 10년 레슨을 받았는데 왜 노래를 못해요?" 하는 겁니다. 이런 걸 '난도질'이라고 표현하지요. 한 번 찌른 데를 계속 찌르는 거죠. 솔직히 저는 사장님이 심포니 오케스트라 지휘자에게 레슨을 받았다고 할 때도 자존심이 상했습니다. 그렇지 않겠습니까? 남편이 의사인데 아내가 자꾸 다른 의사한테 진찰받으러 가는 것과 마찬가지잖아요. '내가 대학에서 성악을 전공했고, 시립합창단도 다녔고, 꾸준히 10년 동안 성악 레슨도 받았는데 왜 나한테 레슨을 안 받고 다른 사람한테 받나?' 마치 저를 인정하지 않는 것처럼 느껴졌습니다. 사장님은 왜 말을 그리 쉽게 하나, 생각하며 속으로 꿍해 있었지요. 한 일주일 정도 기분이 언짢았습니다. 그러면서 생각해봤죠. '내가 진짜 노래를 잘하나? 못하나?' 사실 저는 이미 답을 알고 있었습니다.

잘하는 건 매우 간단합니다.
다만, 알면서도 하지 않은 거지요.

저는 1등이 될 필요는 없다고 생각합니다. 아이들에게 1등을 강요하지 마십시오. 1등이 중요한 것이 아니라 '잘하는' 게 중요합니다. 잘한다는 것은, 내가 좋아하는 걸 남들도 좋아해주는 것을 말합니다. 저는 노래하는 걸 좋아합니다. 그런데 저는 알고 있었습니다. 사람들이 제 노래를 그다지 좋아하지 않는다는 것을요. 이렇게 생각했었죠. '열심히 하면 언젠간 좋아질 거야. 그러니까 해봐야지.' 그런데 희한하게도 그 좋아하는 노래를 부르려고 하면 마음이 편하지 않았습니다. 20년 가까이 노래를 했는데도 노래를 하라고 하면 편하지가 않았습니다. 그렇게 불편한데 왜 저는 졸업하고 10년 넘게 시간과 돈을 들여서 레슨을 받았을까요?

가만 보니, 노래를 정말 잘하려면 세 가지가 필요하더군요. 첫째, 정확한 음정, 박자를 알아야 합니다. 음감이 머리에 들어와 있어야 합니다. 둘째, 성악가는 주로 외국 노래를 부르기 때문에 그 나라 말의 뉘앙스를 알아야 합니다. 언어를 모르면 그냥 앵무새처럼 따라하게 됩니다. 노래로 감동을 전하기 위해서는 언어를 알아야 합니다. 셋째, 노래할 때 사용하는 근육들을 운동선수처럼 계속 훈련해야 합니다.

저는 이 세 가지를 하나도 안 했더라고요. 저는 피아노를 배워본 적이 없습니다. 음감을 익힐 기회를 스스로 찾지 않은 거지요. 성악과도 사실 흉내 내서 들어간 겁니다. 음악의 기본은 정확한 음정과 박자인데, 전 그걸 제대로 익히지 않았습니다. 약간의 재주를 갖고 흉내 내서 입시를 통과하고, 시립합창단에도 흉내 내서 들어간 거예요.

저는 언어도 모릅니다. 이탈리아 노래를 할 수는 있지만 이탈리아 말은 모릅니다. 곡만 외웁니다. 언어를 이해하지 못하니 노래 속 감정을 깊이 있게 표현하지 못하는 거죠.

마지막으로, 저는 소리 내는 근육을 별로 훈련하지 않았습니다. 그러니 딱 거기까지인 것입니다. 정말 잘하는 음악가가 못 되는 거죠. 저도 이미 알고 있었습니다. 다만 마주치려 하지 않았을 뿐이죠. 제 자신의 한계를 마주하지 않고 회피했습니다.

노래를 잘하는 법은 10년 전에도 알고 있었습니다. 그런데 왜 안 했을까요? 이 세 가지는 한 번에 좋아지는 게 아닙니다. 꾸준하게 해야 하지요. 자기 스스로가요. 누군가가 도와줄 수는 있지만 결국 자신이 해야합니다. 그런데 저는 스스로 해야 할 것들을 하지 않은 채 선생님께 일주일에 한 번씩 레슨을 받는다는 것으로 만족하며 10년을 보낸 것입니다. 그러고는 이렇게 생각했지요.

'그래도 나는 하고 있어.'

**내가 가고 싶은 지점은 저 높은 곳인데
그곳으로 가기 위한 대가는 치르려 하지 않는다면…
그렇다면 그 마음을 놓아야 합니다.**

그런 사람이 있습니다. 부처님 말씀대로 살지 않으면서 기왓장 봉납만 열심히 합니다. 예수님, 하나님 말씀대로 살지 않으면서 헌금만 열심히 합니다. 십일조도 합니다. 졸아도 교회에 가서 존다며 자랑 아닌 자랑을 늘어놓습니다. 이런 식으로 자신을 위로하며 자기가 자기를 도와줘야 할 부분은 안 도와주고 세월을 보냅니다. 전 피아노를 배워서 저에게 부족했던 음감을 채워야 했습니다. 곡만 외울 것이 아니라 언어를 공부했어야 했습니다. 숨 쉬고 숨 뱉는 연습을 하면서 근육 훈련을 했어야했습니다. 그것을 10년 동안 했어야 했습니다. 그랬다면, 지금쯤 저만좋아하는 노래가 아닌 남들도 좋아하고 감동하는 노래를 했을지도 모릅니다. 아니, 적어도 노래하는 것을 훨씬 편안해하고 즐겼을 것입니다.

우리가 지금 여기에 있는 것은

나 혼자만의 힘으로 이룬 것이 아닙니다.

누군가의 도움이 있었겠지요.

하지만 아무리 신이 나를 도와준다 해도

내가 나를 돕지 않으면 그 힘이 나에게 올 수 없습니다.

부모가 아무리 나를 도와줘도 내가 나를 돕지 않으면 그 힘이 내 것이 될 수 없습니다. 부모가 수십억을 상속해줘도 내가 나를 돕지 않으면 그 돈은 금세 사라질 것입니다.

내가 나를 먼저 도와줘야 합니다.

제 볼에 상처가 났는데요. 18개월 된 제 아이가 긁었습니다. 제가 "이거, 아빠 얼굴에 누가 이런 거야?" 물으면, 아이가 자기 가슴에 손을 대며 자기라고 표현합니다. "내가, 내가"라고 말하는 것처럼요. 18개월이 되니 자아를 인식합니다. 그런데 우리는 열여덟 살이 되고 스물여덟 살이 되고 쉰여덟 살이 되어도 자아를 인식하지 못할 수도 있습니다. 자신이 자신을 인식하지 못하고 도울 줄 모르는 것입니다.

저같이 사는 사람이 제일 불쌍하게 사는 사람입니다. 아예 안 하는 것도 아니고, 하겠다고 하면서 정작 해야 할, 정작 도와줘야 할 자기 자신을 돕지 않는 거지요. 제 자신에게 물었습니다. "너 앞으로 피아노도 배우고, 근육 훈련도 하고, 이탈리아 말도 배울래? 아니면 계속 이렇게 레슨만 다닐래? 계속 레슨만 할 거라면 이제 노래를 그만둬라. 무엇 때문에 10년을 붙잡고 있냐. 그 자존심은 뭐냐." 저는 결론을 내렸습니다. '성악은 그만하자. 이제 놔줘야 되겠다. 10년의 자존심을.'

당신은 무엇을 10년 동안 붙잡고 있었나요? 그리고 왜 그걸 놔주지 않고 있나요?

여러분도 힘든 거 좀 놔주십시오. 삶은 그리 길지 않습니다. 하나님이든 부처님이든 저희에게 내일을 약속하신 적은 한 번도 없습니다. 우리가 언제까지 살지 모릅니다. 그런데 10년 동안 위태로워 보이는 나무뿌리 하나 잡고 힘들게 버티고 있으니 맛있는 것을 먹어도 맛을 모르고, 산을 보아도 산이 보이질 않고, 좋은 것을 봐도 좋은 줄 모릅니다. 아이의 웃음소리도 들리지 않고, 파란 하늘도 보이지 않습니다. 철이 바뀌면 '어머 가을이네, 저 낙엽 좀 봐' 이래야 하는데 '덥다, 춥다'고만 합니다. 더 심각해지면 '더워죽겠다, 추워죽겠다' 합니다.

당신은 뭘 그렇게 오랜 세월 붙잡고 있으신가요?
이미 당신을 떠난 사람입니까?
아니면 당신을 떠날 것 같은 사람입니까?
아니면 당신의 자존심입니까?
당신 자신을 힘들게 하는 것을 놔주십시오.
정말 그것을 해야겠다면, 당신 자신을 도우십시오.

내가 나를 도와주지 않으면서 신께 나를 도와달라고 하는 것은 거짓 기도입니다. 언제까지 신을 속이고 자기 자신을 속이고 사람들을 속이며 살겠습니까? 삶은 감정도 중요하지만 기초부터 다져야 하는 수학과도 같습니다. 당신이 마스터해야 할 수학은 무엇인가요? 당신이 기초부터 다져야 할 수학은 무엇인가요? 연기를 하려면 감정도 중요하지만 먼저 대본을 외워야 합니다. 노래를 잘하려면 음정과 박자를 맞춰야 합니다. 감각만 갖고는 좋은 옷을 만들 수 없습니다. 디자인을 하려면 바느질과 재단을 배워야 합니다. 그거 안 하실 거면, 이제 그만두십시오. 당신은 자아를 인식하기에 충분한 나이가 됐습니다. 하늘은 스스로 돕는 자를 돕는다고 했습니다. 당신 자신을 스스로 도우십시오.

노래 빼고 다 잘한다고 직언한 사장님처럼 당신 곁에 단도직입적으로 평가해주는 사람이 있다면, 신의 대리인이라고 여기세요. 팬을 통해서 신의 위로를 받을 수도 있지만, 안티를 통해서 신의 음성을 들을 수도 있습니다. 그러니 한 명 정도는 사장님 같은 사람을 곁에 두십시오. 그리고 당신도 누군가에게 사랑의 마음으로 명확한 이야기를 해줄 수 있으면 좋겠습니다.

삶의 콩고기로 대접하라

아이를 낳고 길러본 부모들은 잘 아실 겁니다. 세상에 날 때부터 골고루 잘 먹는 아이는 없다는 것을요. 아이가 어릴수록 다양한 맛보다는 달콤한 맛을 좋아합니다. 특히나 꼭 먹어야 하는 음식을 잘 안 먹으려는 성향이 있습니다. 부모는 영양상 먹어야 할 음식을 먹이고 싶어 합니다. 가령 채소 같은 것을요.

제가 우울증으로 고생할 때 프랑스에 있는 한 수도원에 갔습니다. 절에서 하는 수도원이었습니다. 종교와 상관없이 누구든 가서 조용한 시간을 보낼 수 있는 곳이었어요. 그곳에서는 티베트 스님들이 밥을 해주었습니다. 불가에서는 고기를 안 먹으니까 고기반찬은 당연히 없지요. 그런데 승려가 아닌 일반인도 많이 방문하니 식단이 죄다 풀뿐이면 장

기간 머무는 방문객들은 음식 때문에 곤혹을 치를 겁니다. 그렇다고 해서 절에서 고기를 줄 수도 없을 거구요. 그래서 나름의 방법을 마련했더군요. 자기를 지키면서 남을 배려하기 위해 콩으로 만든 고기를 대접하고 있었습니다. 당시에는 결혼 전이었으니까 '아 이런 방식으로도 사람을 배려하는구나' 하고 넘어갔는데, 딸이 채소도 안 먹고 두부도 안 먹으니, 그때의 콩고기가 생각났습니다. 수소문해보니 국내 회사에서 두부를 햄처럼 만들어 파는 곳이 있었습니다. 햄처럼 생기고, 맛도 햄 맛이 나니 아이가 이건 잘 먹겠다 싶었지요. 그래서 아이에게 햄 맛 두부를 주었습니다. 예상대로 아주 잘 먹더군요.

음식에 대한 거부감은 아이에게만 있는 것이 아닙니다. 저와 함께 지내는 연구소 실장이 먹는 것에 조금 예민한 편입니다. 그 친구는 깍두기를 안 먹습니다. 식당에서 깍두기가 나오면 슥슥 가위로 잘라 담기는 해도 그걸 먹지는 않습니다. 그래서 물어보니, 어렸을 적에 유치원에서 급식으로 깍두기가 나왔다고 해요. 태어나 처음으로 깍두기를 먹었는데, 입에 맞지 않아 토를 했다고 합니다. 그런데 그 모습을 친구들이 보고 뒤로 물러나며 인상을 쓰고 더럽다고 했답니다.

사람이 창피를 당하면 순간적으로 뇌가 초당 수백 장의 사진을 찍습니다. 수치스러운 것을 죽음에 준하는 감정 상태라 생각하고 위협을 느끼는 거지요. 모멸감, 공포 등도 마찬가지입니다. 깊은 바다에 들어가 아주 짧은 시간 동안 머물러도, 무한한 깊이에 대한 두려움 때문에 시간이 매우 천천히 가는 것처럼 느껴집니다. 그때 그 어린아이에게도 같은 현상이 일어났던 것입니다. 뒤로 물러나는 친구들의 모습, 자기가 토해낸 음식의 모습이 기억에 선명하게 남았겠지요. 그리고 그 이후 깍두기를 안 먹게 됐다고 합니다. 지금도 제일 두려운 게 사람들이 밥에다 깍두기와 깍두기 국물을 넣고 아그작 아그작 씹어 먹는 모습이라고 해요. 저절로 몸서리가 쳐진다고 합니다. 성인이 된 지금도요.

주변에서 이런 상황을 종종 접할 수 있습니다. 한 친구는 어렸을 때 형들이 우악스럽게 김치를 먹으라고 한 기억 때문에 마흔이 넘은 지금까지도 김치를 먹지 않습니다. 이런 이야기를 들을 때마다 생각합니다. 어쩌면 부모가 자녀에게, 어른이 아이에게 꼭 먹어야 하는 음식이라며 아직 받아들일 준비가 안 된 아이에게 억지로 먹이는 건 아닌가 하고요. 만약 '종교'가 꼭 먹어야 할 음식이라고 생각하면, 아이에게 주말에 교회에 가라며 강압을 하는 거지요. "내일 주일이야. 너 왜 성경학교 안 가? 엄마가 너 교회 안 가면 어떻게 된다고 했어?" 이러면서요.

"이거 너에게 꼭 필요한 거야. 근데 왜 안 먹어?"
내가 삶에서 꼭 먹어야 한다고 생각하는 것을
타인의 입에 강제로 넣지 마세요.

가만히 보니, 제가 그렇게 살았더군요. 강연에서 만난 사람들에게는 제가 전하고 싶은 메시지를 강요하지 않습니다. 항상 유머러스한 말을 하려 하고, 강연 중에 밝은 표정을 보이기 위해 노력합니다. 따로 관리도 받고, 강연 전날에는 크게 무리하지 않으려고 노력해요. 에너지를 모아야 하니까요. 메시지도 조심스럽게 전할 뿐이지, '반드시 이렇게 사십시오' 하면서 강요하지는 않습니다. 그런데 저랑 가깝다고 여기는 사람, 내가 책임져야 한다고 생각하는 사람에게는 깍두기를 억지로 먹이는 성향이 있었습니다. 삶에 좋은 것이라고 생각되는 것들을 강요합니다. 그러고는 이렇게 말합니다.

"내 말 들어. 나는 너에게 좋은 것만 주는 거야. 내 말대로 하면 잘 되게 되어 있어."

삶에는 꼭 섭취해야 할 중요한 영양소들이 있습니다. 어쩌면 우리는 어른이 되고, 부모가 되고, 리더가 되고, 그렇게 뭔가 조금씩 알기 시작하면서 사람들에게 강요하고 있었는지도 모릅니다. 보기 시작하고, 듣기 시작하고, 말할 수 있고, 행동할 수 있게 되면서 앞서 말한 실장의 깍두기처럼, 제 친구의 김치처럼 '이거는 꼭 먹어야 하니까 넌 무조건 먹어' 하고 아직 그것을 감당할 수 없는 사람에게 처넣은 건 아닌가 돌아봐야겠습니다. 저는 조금 그렇게 산 것 같거든요. 그리고 이 이야기를 적으면서 이젠 그러면 안 되겠다는 반성을 했습니다.

내가 왜 그렇게 하고 사는지 모를 때가 많습니다. 왜냐하면 정말로 모르거든요. 자신이 사람들을 대하고 있는 태도 자체를요. 사람은 잘 바뀌지 않습니다. 오죽하면 사람이 갑자기 변하면 '죽을 때가 됐다'고 하잖아요. 하지만 사람은 바뀌기도 합니다. 첫 걸음은 거울에든 빛에든 자신을 비춰 보는 것입니다. 삶의 거울을 보십시오. 나를 보고 '내가 이

249

렇게 사는구나. 내가 이렇게 살아서 내 얼굴이 이렇게 됐구나. 앞으로 내가 살고 싶은 방향은 이거구나' 하고 스스로를 볼 수 있는 계기를 만나셨으면 좋겠습니다.

좋은 거 나누고 싶으시다면, 콩고기로 준비하십시오.
나를 지키면서 남을 배려하세요.

그것이 삶의 배려입니다. 프랑스의 그 수도원처럼 자신의 의견과 색깔을 없애진 않으면서 다른 이들도 함께 먹을 수 있도록 콩고기를 요리하십시오. 내가 좋다고 생각하는 것이 진리는 아닙니다. 하지만 나누고 싶다면, 강요하는 대신 배려의 정성으로 콩고기를 만들어보세요. 그러면 서로 다툼 없이, 힘듦 없이 좋은 음식을 나누어 먹을 수 있습니다.

음악의 아름다움에 대해 이야기할 수 있는 아이로 키우세요

플라톤은 자식에게 체육과 음악을 함께 가르치라고 말했습니다. 사람이 체육만 배우면 몸에 근육만 생겨 짐승처럼 된다고 하면서요. 근육이 강해진다는 건 힘이 세진다는 거잖아요. 그것을 컨트롤하는 건 지식이 아니라 감성입니다. 그런데 음악만 하고 체육을 안 하면 아이가 유들유들해집니다. 균형을 위해서 근육과 감성을 키워주는 교육이 필요합니다.

요즘 우리는 체육도, 음악도 잘 가르치지 않고 오직 지식 교육만 하는 것 같아요. 체육을 교육한다고 해도 스타플레이어를 만드는 체육을 시키지, 생활체육을 가르치진 않습니다. 하지만 대부분은 스타가 될 수 없고, 스타가 될 필요도 없습니다. 음악 교육도 피아노 배워라, 플룻 배워라 하며 음악 학원을 전전시킵니다. 여기서 음악 교육이란 악기 다루는 법을 가르치라는 것이 아니라 아이에게 음악이 이야기하는 것이 무엇인가를 배울 기회를 제공하라는 것입니다. 다양한 형태로요. 튼튼한 기초 체력을 가진 아이로 키우세요. 음악의 아름다움을 이야기할 줄 아는 아이로 키우세요.

아이는 균형 잡힌 삶을 살 수 있는 기본 바탕을 가지게 될 것입니다.

말도 잘 씹어 먹어야 소화가 됩니다

세계 각국에는 다양한 인사말이 있습니다. 인도의 인사말 '나마스떼'
는 '내 안에 있는 신이 당신 안에 있는 신에게 경배합니다'라는 뜻입니
다. 아프리카 마사이족은 자신의 침을 상대방의 얼굴에 뱉는다고 하죠.
그리고 그것을 닦아내면 환영하지 않는다는 의미이기 때문에 닦지 않
는다고 합니다.

한국 사람들은 "안녕"이라고 인사하는데 이 인사는 평안한지, 별일
없는지, 괜찮은지를 묻는 의미입니다. 이렇게 인사말을 보면 왜 그 말을
사용하는지 다 이유가 있습니다. 예전에 "별일 없으시죠?"라고 인사했
던 것은 별일이 너무 많은 시절을 살았기 때문이고, "식사하셨어요?"라
고 인사했던 것은 밥 먹는 것이 당연하지 않은 시절을 살았기 때문입니

다. 이처럼 인사말은 반가움을 의미하기도 하지만 여기에는 상대방을 먼저 생각하는 마음이 담겨 있다는 것을 알 수 있죠.

최근에 저는 계속 속이 좋지 않았습니다. 문제는 문자 한 통으로 시작됐습니다. 포프리 사장님이 어느 날 제게 이런 문자를 보냈어요.

'김 교수님, 이 강의 처음부터 끝까지 봐요. 꼭.'

그러고는 한국사 전문 강사 설민석 강사님의 강의 링크를 첨부했습니다. 그 문자를 받고 저는 많은 생각을 했습니다.

'왜 나한테 이걸 보라고 하시는 거지?'

저는 그 강의를 처음부터 끝까지 보았습니다. 초심을 잃지 않는 역사에 대한 내용이었는데 쉽고 유쾌하게 강의를 아주 잘하셨습니다. 그렇지만 저는 또 이런 생각이 드는 것이었습니다.

'왜 나한테 이걸 보라고 그러신 거지?'

뭐라고 설명을 하고 보라고 했으면 좋았을 텐데 그냥 보라고만 했으니 계속 이런저런 생각이 들었습니다.

'이 강사에게 배우라는 건가? 내가 초심을 잃었다는 건가? 자극을 받으라는 건가? 새로운 강사를 쓰고 싶다는 뜻인가? 도대체 무슨 말씀을 하고 싶으신 거지?'

물어보지도 못하고 한 2주 동안 찌뿌둥한 마음 상태로 지냈습니다.

말도 씹어 소화를 시켜야 합니다.

그즈음 치아 교정 중이었던 터라 치과 진료를 갔는데 의사 선생님께서 이런 말씀을 하셨습니다.

"치아가 좋지 않으면 치아뿐만 아니라 몸 전체에 문제가 생깁니다. 제대로 씹지 못하면 뇌로 올라가는 혈관에 혈액이 잘 공급되지 않아서 치매에 걸릴 확률이 높아지고, 전체적으로 몸의 기능이 떨어집니다."

장수하는 어르신들의 특징 중 하나가 치아가 튼튼하다는 것입니다. 잘 씹는 건 그만큼 중요합니다. 그런 생각 끝에 이런 결론에 도달했습니다.

'내가 지금 사장님의 말씀을 잘 씹지 못하고 있구나.'

사람에게는 음식을 씹듯이 누가 하는 말을 씹어 소화시키는 힘이 있습니다. 사장님이, 부모님이, 고객이, 배우자가 나에게 한 말이 하루 종일 내 안에 얹혀 있을 수 있습니다. 마치 체한 것처럼 말이죠. 그 말을 씹지 못하고 그냥 삼켜버렸으니 얹힌 거죠. 그렇게 말에 상처를 받기 시작하면 마음이 움츠러듭니다. 심하면 토해버릴 수도 있습니다.

음식을 씹는 것도 씹는 거지만 마찬가지로 중요한 것이 말을 씹어내는 힘인 것 같습니다. 개떡같이 말했는데 찰떡같이 알아들었다는 말처럼요. 어떻게 하면 잘 씹어 소화시킬 수 있을까요? 저는 왜 사장님의 말을 씹어내지 못했을까요? 참다 참다 직접 사장님께 무슨 의도로 그 강의를 보라고 하신 건지 물었습니다. 이렇게 답하더군요.

"교수님은 어려운 것을 쉽게 풀어내는 능력이 있으신데, 다양한 분야를 접하면 좀 더 넓은 영역에서 말씀을 해주실 수 있지 않을까 하는 생각이었습니다."

254

주는 사람과 받는 사람 사이에는 입장 차이가 있습니다.

사장님의 생각은 제 생각과 전혀 달랐던 겁니다. 이렇듯 주는 사람과 받는 사람 사이에는 입장 차이가 있습니다. 어른이 아이에게 줄 때는, 사장님이 직원에게 줄 때는 그 사람에게 맞는 음식을 주는 게 좋습니다. 아주 어린아이에게는 이유식을 줍니다. 조금 자라면 밥을 주고 더 자라면 씹을 수 있는 고기를 줍니다. 이처럼 누군가에게 말이라는 음식을 줄 때는 상대방에게 맞춰 요리하거나 그 사람의 입맛에 맞춰주는 것이 좋습니다. 특히 내가 사장이나 부모, 선생이나 선배 입장이라면 더욱 그렇죠. 반대로 누군가 나에게 말이라는 음식을 줄 때는 내가 좋아하는 맛이 아니더라도 건강하게 씹어 삼키고 소화시킬 수 있어야 합니다. 그런 씹는 힘이 있어야 합니다.

마음의 양치질을 하십시오.
내가 집중할 수 있는 것으로 마음을 씻으십시오.

사람의 입안에는 많은 세균이 있다고 하죠. 건강할 때는 세균이 입속 환경과 균형을 맞추고 있지만, 피곤하거나 양치를 게을리하거나 술을 마시고 담배를 피우는 등 관리를 제대로 하지 않으면 균형이 깨지면서 세균이 문제를 일으키기 시작합니다. 그렇다면 마음의 양치는 무엇일까요? 인간은 자신이 집중할 수 있는 뭔가가 있을 때 다른 것들을 다 지워버립니다. 다른 생각이 안 듭니다. 스트레스가 사라지죠. 이것이 마음의 양치인 것 같습니다.

인간은 끊임없이 삶의 과정을 먹으며 찌꺼기를 쌓습니다. 어쩔 수 없습니다. 산다는 것, 돈을 번다는 것, 아이를 낳는다는 것, 회사를 경영한다는 것, 이 피할 수 없는 일들을 할 때 마음의 찌꺼기가 생깁니다. 심지어 사랑을 할 때도 어떤 식으로든 마음에 찌꺼기가 낍니다.

그 찌꺼기가 부드러울 때 얼른 씻어주는 것이 중요합니다. 그때그때 마음의 양치질을 하지 않으면 찌꺼기가 쌓여서 그것이 치석이 되고 잇몸을 상하게 하고 치아를 망치고, 나중에는 입안에 있는 모든 세균의 균형을 깨뜨려 오염시킵니다.

우리도 우리만의 양치질이 있으면 좋겠습니다. 누군가 뭔가를 주었을 때 우리의 씹는 힘으로 잘 씹을 수 있었으면 좋겠습니다. 아무리 좋은 것을 주려고 해도 씹는 힘이 없으면 잘 소화시킬 수 없습니다. 잘 씹어 소화하고 찌꺼기가 쌓이면 때때로 마음의 양치질로 깨끗이 지우는 것이 중요합니다.

"제가 뭘 좋아하는지 모르겠어요"

"제가 찾아야 하는 것이지만 삶에 집중할 수 있는 일이 어떤 것인지 잘 모르겠습니다. 제가 좋아하고 집중할 수 있는 일을 찾으려면 어떻게 해야 할까요?"

자신이 좋아하는 일, 자신이 집중할 수 있는 일을 찾는 건 정해진 정답을 찾아가는 것이 아닙니다. 어딘가 보물이 숨겨져 있고 그 보물을 맹목적으로 찾아가는 것이 아닙니다. 내 안에서 일어나는 반응을 경험하는 것입니다.

그 반응을 경험하는 가장 좋은 방법은 '만남'입니다. 많은 사람을 만나는 것도 좋지만 책이나 강연을 접하는 것도 좋습니다. 도서관에 가서 책을 보고 유튜브에서 다양한 강연을 보십시오. 그렇게 작은 경험을 만나고 찾다 보면 알음알음 들리는 소리가 있을 것입니다. 절대 처음부터 큰 소리가 들리지 않습니다. 아주 작은 관심이 생겼다면 일단 그것을 해보는 겁니다. 하지만 그것 역시 반드시 원하는 대로 잘 되지는 않죠. 그래도 계속해보십시오. 계속 하다 보면 분명 자신이 재미있어 하는 것을 찾게 될 것입니다.

저는 집에서 아주 작게 텃밭을 일구고 있습니다. 3년 전에 포도나무를 심었는데 해마다 열매가 맺힙니다. 프랑스에 갔을 때 드넓은 포도밭을 본 적이 있습니다. 하지만 그런 포도밭이 경이로운 것이 아니라 작지만 내가 심은 나무에서 조그맣게 열매가 맺히는 것을 보는 것이 경이롭습니다. 매일 아침 일어나면 포도나무부터 살펴보고 작은 열매를 맛보기도 하지요.

아무리 남이 엄청난 걸 해놓았다 해도
자기가 자기 손으로 일군 것이 경이로운 법입니다.
자기 손으로 일구십시오.
아주 작은 일이더라도 자신의 손으로 하는 것이
재미와 집중을 찾아줍니다.

삶이 가장 맛있을 때

제 강연을 일부러 찾아오시는 분들은 삶이 잘 풀리고 즐거운 하루하루를 보내는 분들이 아닙니다. 삶이 내 맘 같지 않을 때, 관계가 엉킨 실타래처럼 꼬여만 갈 때, 뭔가 이렇게 살면 안 될 것 같고 새로운 시도가 필요하다고 생각될 때 찾아오십니다. 이럴 때 팁 하나 줄 수 없냐고 묻는 분이 많습니다. 그럴 때마다 저는 음식에 비유해 답변을 드리곤 합니다.

살면서 가장 맛있게 먹었던 음식은 무엇이었나요?

생각해보니 저는 라면을 먹은 세 번의 순간이 떠오릅니다. 요즘엔 비싼 프리미엄 라면이 많이 나오잖아요. 그런데 아무리 먹어봐도 옛날에

먹었던 그 맛을 능가할 수는 없습니다.

첫 번째 라면은 고등학교 때 2교시가 끝나고 빛의 속도로 매점으로 뛰어가 후루룩 먹은 육개장입니다. 두 번째 라면은 군 복무 시절 먹은 '뽀글이'입니다. 새벽 두세 시경에 경계근무가 끝나고 내무반으로 돌아와 봉지에 뜨거운 물을 붓고 먹는 뽀글이. 한입 딱 넣으면 "으아~"라는 감탄사가 절로 나옵니다. 비닐까지 아주 싹싹 핥아 먹습니다. 대부분의 남자들은 전역한 뒤 뽀글이를 해 먹어봅니다. 하지만 절대 그때 맛이 안 납니다. 세 번째는 아프리카에서 먹은 라면입니다. 20대 중반 에티오피아, 탄자니아로 한 달씩 선교 여행을 갔습니다. 지금도 외국 나가면 제일 힘든 게 음식입니다. 그때도 제대로 먹지를 못했습니다. 보다 못한 저희 팀 단장이 야밤에 몇몇만 깨워 들판으로 데려갔습니다. 몰래 움막 안에 들어가 라면을 끓여 먹었어요. 그릇이나 젓가락이 없으니 라면봉지를 그릇 삼고 나뭇가지를 분질러 젓가락 삼았지요. 머리 위에는 별이 쏟아지는 아프리카의 밤하늘이 펼쳐지고, 저 멀리 어둠 속에서는 기린의 실루엣이 보이는데… 거기에서 먹은 라면 맛은, 이건 정말 세상에 둘도 없는 그런 맛이었습니다.

제가 맛있게 먹었던 세 번의 순간을 살펴보니 상황이 유사하더군요. 고등학생 때, 군대에 있을 때, 아프리카에 있을 때의 공통점은 모두 몸에 기름기가 쫙 빠졌을 때였습니다. 아무리 밥을 맛있게 준다 해도 군대 음식은 밖에서 먹는 음식하고는 그 기름기가 완전히 다릅니다. 고등학생 때도 마찬가지였지요. 아프리카에서는 한 달을 지내는 동안 기름기가 쭉쭉 빠졌었습니다.

삶의 기름기가 빠지는 날이 있습니다.
그때는 위험한 기회입니다.

위험한 기회. 그래서 '위기'라고 하는 겁니다. 이 기회를 잘 활용하면 이곳에서 숨은 뭔가를 발견할 수 있습니다. 최고급 음식을 먹으면 정말 맛있다고 느낄 수 있지만 제 경험상 음식이 정말 맛있을 때는 몸에 기름기가 없는 경우였습니다. 어쩌면 삶의 기름기가 빠진 위기의 순간은 삶의 맛을 가장 맛있게 느낄 수 있는 기회일지도 모릅니다.

내 영혼의 목소리는 마음에 기름기가 없을 때 더 잘 들립니다. 책을 보고 강연을 들어도 그 이야기가 마음에 들어옵니다. 마음이 풍족하여 기름기가 촬촬 넘쳐흐르면 그런 이야기가 잘 안 들어옵니다. '인생의 말'은 우리 마음에 기름기가 말라버렸을 때 더 잘 흡수됩니다.

내 영혼에 기름이 쫙 빠졌다고 생각되는 날이 올 것입니다. 그 시기는 삶의 진정한 맛을 느낄 수 있는 기회일지 모릅니다. 그렇다고 성급해하지는 마세요. 기름기가 없는 힘든 순간에 세상을 원망하고 화를 내고 내내 불편해하면 기름기도 빠지고 맛도 못 느낍니다. 둘 다 잃어버리는 겁니다. 그때 느낄 수 있는 것들을 느껴야 하는데 불평불만만 하다 모두를 놓칩니다. 참 희한하게도, 원망만 하면 안 좋은 사건이 꼬리의 꼬리를 물고 일어납니다. 진짜 그렇습니다. 그러니 만약 당신의 삶에 기름기가 빠져 있다고 생각되면 일단 먼저 숨을 고르십시오. 성질이 급해서 일을 그르치면 안 됩니다. 사람이 숨을 깊이 내쉬면 전에는 안 보였던 게 보입니다. 전에는 느끼지 못했던 것이 느껴집니다.

최근에 언제 음식이 맛있었나요? 삶이 언제 맛있으셨는지요? 만약 지금 기름기가 없다면 진짜 삶의 맛을 느낄 기회로 삼으십시오. 별거 아닌 것에 진한 삶의 맛을 느낄지도 모릅니다.

삶이 맛있는 사람이 있고 삶을 그냥 사는 사람이 있습니다. 언젠간 맛있어지겠지, 하며 맛도 없는 밥을 꾸역꾸역 먹으며 삶을 '그냥' 사는 사람이 있습니다. 힘든 시간이 찾아와도 '지나가면 다 좋아질 거야, 지금만 버티면 괜찮아질 거야' 하며 지금을 살지 않고 그다음 시간만 고대하며 사는 사람이 있습니다. 이건 스스로를 속이는 겁니다. '애가 조금만 크면 편해질 거야', '제대만 하면 다 좋아질 거야', '합격만 하면 다 해결될 거야' 하고 말이죠.

지금 이 순간의 삶의 맛을 느낄 수 없다면, 다 헛된 희망입니다.
지금 삶을 살 수 없으면 나중에도 삶을 살 수 없습니다.
가장 중요한 건 지금의 삶을 살아내는 것입니다.

'사람은 지금 여기밖에 없다.'

하버드대학교 화장실에 써 있는 낙서입니다. 지금이 없다면 나중의 거기도 없습니다. 왜냐하면 나중 거기에 가면, 거기는 다시 지금 여기가 되기 때문입니다. 그러므로 사람에겐 지금 여기밖에 없습니다. 지금 삶의 습관이 잡혀 있지 않으면 나중 거기에 가도 지금과 똑같이 살 것입니다. 또다시 지금 살던 습관대로 살 것입니다. 고등학생 때 힘들다고 해서 그냥 넘겨버리면 대학 가도 똑같고 취직해도 똑같습니다.

지금을 사세요.

지금의 시기를 잘 사세요.

'지금' 관계를 잘 맺고 여기에서 라면을 하나 먹어도 맛있게 먹으면 당신의 삶 전체가 맛있어질 겁니다. 삶을 자꾸 뒤로 미루지 말고 지금 여기를 살면 좋겠습니다. 결혼하기 전에도 잘 산 사람이 결혼하고 나서도 잘 살 확률이 높습니다. 고등학교 시절을 재밌게 보낸 친구들이 대학 가서도 재밌게 지낼 확률이 높습니다. 젊었을 때 행복하게 산 사람이 나이 들어서도 행복하게 살 확률이 높습니다. 소중한 우리의 삶을 스스로 속이고 자꾸 뒤로 미루면 삶은 결국 없어져 버릴 것입니다. 비록 힘듦이 있는 삶이더라도, 맛있게 사시길 바랍니다. 감격이 있는 삶을 사시길 바랍니다.

지금 이 순간, 나의 삶을 살라

~~~~~~

저는 요즘 영화 오디션을 보러 다니고 있습니다. 많이 떨어져서 주변
에다 말을 하지 않고 혼자 보러 다녀옵니다. 40대 중반. 영화배우 신인
으로서는 '아주' 늦은 나이죠. 오디션 현장에 가면 감독님, 제작자가 저
보다 어린 경우도 많습니다.

오디션 보고 떨어지고, 보고 떨어지고. 한두 번은 괜찮은데 자꾸 떨어
지니 예전 생각이 나기 시작했습니다. 늦은 나이에 대학에 들어갔을 때
저를 따라다닌 건 '열등감'이었습니다. 왜냐하면 남들이 제 나이 때 하
는 것을 저는 하지 못했기 때문이죠. 여러분도 가끔 그런 생각 들 때가
있지 않나요? '나는 왜 남들보다 뛰어나게 잘하지 못하지?'가 아니라
'나는 왜 남들처럼 뭔가를 제때에 하지 못하지?'라는 생각이요. '남들이

대학 갈 때 왜 나는 들어가지 못할까?', '남들이 다 결혼할 때 왜 나는 결혼하지 못하고 혼자 나이만 먹을까?', '남들이 다 취직할 때 왜 나는 계속 백수일까?', '남들은 이 사회에 다 적응하는데 나는 그게 왜 이렇게 힘들까?' 등등.

엄마가 자녀에게 이런 말도 합니다.

"내가 너에게 큰 거 바라니? 남들이 하는 만큼만 하라고. 남들 하는 만큼만!"

저는 스스로에게 되묻곤 했습니다.

'왜 나는 남들 만큼 하지 못할까? 왜 우리 집은 남들 하는 것도 못 하는 그런 집일까?'

떨어지고 또 떨어지고, 제 삶은 지금까지 낙방의 연속이었습니다.

대학에 두 번 떨어지고 군대 갔다가 뒤늦게 대학에 들어갔지만 수중에 돈이 없었습니다. 집에서 도와주실 형편도 아니었고요. 학교 기숙사를 얻어야만 했습니다. 당시 학교 기숙사는 수능 성적과 서울에서의 거리를 따져 배정했는데, 저는 제주도 출신이었으니 당연히 합격할 거라고 생각했습니다. 그런데 이마저도 떨어졌지요. '얼마나 공부를 못했길래 이것도 떨어질까'라고 생각하며 낡은 자취방을 얻었습니다.

지금의 저는 또 어떤가요. 저도 나름 소속사가 있습니다. 배우들을 관리해주는 소속사지요. 보통은 오디션을 보기 전에 소속사에서 먼저 일종의 '작업'을 해놓습니다. 그런 후에 오디션을 보면 합격할 확률이 높아지지요. 그런데 그렇게 미리 소속사에서 작업을 해놓은 영화에서도 전 떨어졌습니다. 떨어지고 또 떨어지고.

사실 요즘 제가 하는 일은 '떨어지기'입니다. 영화도 하는 일도. '왜 이렇게 잘되지 않는 것일까?', '소속사에서 중간에 다리를 놔주었는데도 떨어지는 건, 내가 얼마나 못해서 그런 것일까?' 절망했지요. 절망할 수밖에요.

하지만 저는 연구소 직원들에게 항상 이렇게 말합니다.

"백 번은 해봐라. 백 번은 해봐야 잘하는지 못하는지 알 수 있다. 지금은 몇 번 해보지 않았으니 잘하는지 못하는지 알 수 없다."

근데 막상 제 일이 되고 보니 저 자신이 작아지고 힘이 빠지더군요.

〈님아, 그 강을 건너지 마오〉를 찍은 진모영 감독님을 뵙고 이야기를 나눈 적이 있습니다. 감독님은 다음 작품을 찍기 위해 강원도에 머물고 있었습니다. 〈이방인〉이라는 영화였습니다. 죽음을 각오하고 한국으로 넘어온 새터민이 매일 죽을 수도 있는 바다에 들어가는 내용이었습니다. 이 작품을 몇 년째 찍는 거냐 물었더니 3년째라고 답했습니다. 이 오랜 시간 중에서 1시간 반을 남기고 수천 시간은 사라지는 거죠. 게다가 감독님은 영화를 위해 가족과 떨어져 오랫동안 타지에서 생활하며 허름한 숙소를 전전했고요. 정말 쉽지 않은 일이죠. 그래서 다시 생각해보았습니다.

'그래, 저예산 영화 한 편을 세상에 내놓기 위해 이렇게 오랜 시간 애

쓰는데….'

실제로 그는 40여 편의 방송을 제작한 PD였고 〈님아, 그 강을 건너지 마오〉라는 영화로 난생처음 세상의 관심과 빛을 받아본 것입니다.

우리는 살면서 떨어지고 또 떨어집니다.
일도, 인간관계도, 사업도.

지금 당신도 뭔가에 자꾸 떨어지고 있다면 마흔 번은 해보면 좋겠습니다. 물론 저도 그렇게 하려 합니다. 이 끝이 어딘지 가보고 싶습니다. 힘이 들겠지만요.

오디션에, 혹은 내가 원하는 곳에 합격했을 때에야 비로소
진정한 내 삶이 시작된다고 할 수 있을까요?
오디션을 준비하는 시간은 소중하지 않나요?
목표를 위해서만 준비하는 시간인가요?
합격 이전의 삶은 내 삶이 아닌가요?

만약 그렇게 생각한다면 우리 삶이 너무도 아까울 것 같습니다. 그래서 저는 저 자신이 오디션에 붙지 못해도, 아주 좋은 연기를 하는 배우가 되지 못해도 삶의 순간순간에 '나 자신'이 존재했으면 좋겠다는 작은 결론에 도달했습니다.

여러분도 저처럼 원하는 것이 있을 것입니다. 삶의 오디션에 합격하

고 싶은 그 무엇이 있을 것입니다. 그것이 사업이든 인간관계든 아이들이 안정적인 궤도에 오르게 되는 것이든. 하지만 그 이전에도 우리 삶이 그곳에 살아 있었으면 좋겠습니다.

우리는 자꾸 뭔가를 통과해서 저 너머의 세상으로 가야지만 내 삶이 있을 거라고 생각합니다. 또 그것을 희망이라고 생각하고 거기에 속아 넘어갑니다. 하지만 아시다시피 하나의 오디션을 통과하면 그다음엔 또 다른 관문이 나타납니다.

여러분 삶의 오디션은 무엇인가요?
그 오디션에 자꾸 떨어지는 상황인지,
오디션에 붙어 좋은 상황인지.

"저는 임용고시라는 제 삶의 가장 큰 오디션을 준비하고 있습니다. 대학까지는 무난하게 지나왔는데, 임용고시라는 시험을 앞두고 두려움이 앞섭니다. 이 길을 선택한 게 잘한 일인지, 아니면 지금이라도 다른 선택을 해야 하는지…."

한 여성분의 질문에 전 "좋은 기회가 온 겁니다"라고 말했습니다. 사람은 대가를 지불할 때 오히려 확실한 뭔가를 얻습니다. 무료 강연보다는 5천 원이라도 지불한 강연에서 더 집중하고, 선물받은 책보다는 내 돈 주고 산 책을 더 열심히 읽습니다. 지금까지 무난히 살아왔다면 자신이 원하는 것이 무엇인지 잘 모를 수 있습니다. 하지만 지금 두려움에도 불구하고 그 길을 가고 싶다면, 그 길이야말로 자신이 원하는 길입니다.

두려움이라는, 그 길을 걷는 대가를 지불하고라서도 가고 싶은 길인 거지요.

이럴 땐 외부에 묻기보다는 자기 자신에게 물어봐야 합니다.

"넌 이렇게 두려운데도 그 길을 가고 싶니?"

그러면 내면이 답을 해올 것입니다.

"안 되겠어, 하고 싶지 않아"라고 대답한다면 그건 당신이 좋아하는 것, 당신의 사랑이 아닙니다.

"아니야, 두려워도 하고 싶어"라고 대답한다면 그것이야말로 당신의 사랑입니다.

사람들은 '좋아하는 것을 하면 두렵지 않을 거야'라고 착각합니다. 좋아하는 것을 하거나 사랑을 하면 두렵지 않고 외롭지 않고 무섭지 않다는 것은 환상입니다. 사랑의 확진은 '두려운데도 하고 싶어'입니다. 그것이 더 사랑에 가깝습니다.

사랑은 '그래서 사랑해'도 있지만 '그럼에도 불구하고 사랑해'가 더 큰 사랑입니다.

자신에게 물어보세요.
"넌 이렇게 두렵고 낯선데,
그럼에도 불구하고 그 길을 가고 싶니?"

우리가 나눈 이야기가 괜찮다면

저는 강의를 들으러 오신 분들께 졸리면 주무시라고 말씀드립니다. 메모할 필요도 없다고 합니다. 이 책 역시 마찬가지입니다. 밑줄 그을 필요도 없고 애써 기억하실 필요도 없습니다.

강의를 오래 하면서 강의 부작용이 있다는 사실을 발견했습니다. 강의중독이랄까요? 긍정적 효과는 사라지고 무의미한 반복만 있습니다. 좋은 강의 열심히 찾아 들으시는 분들은 이미 머릿속이 꽉 차 있습니다. 강의마다 획기적이고 대단한 이야기를 하는 게 아니거든요. 다 거기서 거기입니다. '나는 강의도 열심히 듣고 책도 열심히 읽어 이 이야기를 다 아는데 삶에 변화는 없네?'라고 생각하는 순간 모든 이야기가 시시해집니다. 많이 아는 것보다 작은 실천이 더 중요합니다.

제 이야기를 기억하려 하지 마세요. 기억되지 않는 건 기억하지 마시고 잊히도록 내버려두십시오. 사랑이 아닌 건 기억되지 않습니다. 그리고 사랑이 될 때, 때가 됐을 때 어느 날 마음속에 들어오기 시작할 것입니다. 우리는 한 달 동안 먹은 음식들을 다 기억하지 못합니다. 정말 맛있게 먹은 한두 가지 음식만 기억할 뿐입니다.

이 책을 끝까지 읽었을 때 단 한 줄이라도 마음속에 남은 말이 있다면 전 그걸로 됐다고 생각합니다. '호텔에서 에비앙을 마셔보겠다.' 이런 거라도 좋습니다. 그 한 줄로 시작하십시오. 완벽하게 준비하고 시작하려면 아무것도 못 합니다. 이미 나는 다 알고 있기 때문에 천천히 기회되면 시작해도 된다고 미뤄도 역시 아무것도 못 합니다. 그런 이들에게는 평생 변화가 찾아오지 않습니다. 이 한 줄로 시작해야지 이미 여러분이 알고 있는 그 모든 것을 적용하고 써먹을 수 있습니다.

사람 사는 게 참 비슷합니다.
그런데도 진실하게 꺼내놓기가 너무 힘들지요.
살다 보면 장마도 찾아오고 곰팡이도 피어날 것입니다.
가끔씩 나를 햇볕에 말리면 좋겠습니다.
자연스럽게 생기는 삶의 곰팡이를 꺼내
햇볕에 쪼이고 바람도 통하게 해주십시오.
책을 덮고 좋은 사람을 만나고 좋은 자연도 찾으십시오.
마음을 산책시키십시오.